はじめてのモチーフ A to Z
タティングレース

TATTING LACE

山中恵　aYa

CONTENTS

基本のモチーフAtoZ

motif A〜C …… 4
motif D〜K …… 5
motif L〜R …… 6
motif S〜Z …… 7

基本をアレンジしたモチーフ

motif A、B …… 8
motif C …… 9
motif D〜G …… 10
motif H、I …… 11
motif J〜L …… 12
motif M〜O …… 13
motif P〜R …… 14
motif S〜U …… 15
motif V、W …… 16
motif X〜Z …… 17

アレンジモチーフをアクセサリーに

モチーフ1〜2枚で作る

J、L、Rのピアス …… 18
Tのイヤリング …… 18
Nのブローチ …… 19
Vのチョーカー …… 19
Wのネックレス …… 19

モチーフ数枚と…

Mのネックレス …… 20
Oのネックレス …… 21
Dのピアス …… 22
Gのネックレス …… 22
Lのピアス …… 22
Qのネックレス …… 23
Iのネックレス …… 24
Cのブローチ …… 25
Eのブレスレット …… 25
Fのイヤリング …… 26
Sのピアス …… 26
Uのネックレス …… 27
Zのネックレス …… 28
Aのピアス&ネックレス …… 29

モチーフをつなぎながら作る

Hのネックレス …… 30
Kのブレスレット …… 30

モチーフを連続に作る

Pのネックレス …… 31
Bのピアス …… 32
Xのブレスレット …… 32
Yのラリエット …… 33

モチーフ A to Z の
基本、アレンジ、
アクセサリーの作り方

motif A …… 38

motif B …… 44

motif C …… 46

motif D …… 52

motif E …… 54

motif F …… 56

motif G …… 58

motif H …… 61

motif I …… 65

motif J …… 68

motif K …… 70

motif L …… 72

motif M …… 76

motif N …… 78

motif O …… 80

motif P …… 82

motif Q …… 85

motif R …… 87

motif S …… 90

motif T …… 92

motif U …… 94

motif V …… 97

motif W …… 100

motif X …… 103

motif Y …… 106

motif Z …… 109

タティングレースの基本

材料と道具…… 34

モチーフのアレンジやアクセサリーに必要なもの…… 35

作り始める前に知っておきたいこと…… 36

図の見方…… 36

シャトルの糸の巻き方…… 37

テクニック **INDEX**

タティングレース

リング…… 38

チェーン…… 72

スプリット…… 100

表目…… 38

裏目…… 40

ピコット…… 44

つまようじで作るピコット…… 47

スケールで作るピコット…… 46

つまようじのスケール…… 47

ストローのスケール…… 48

糸の始末…… 42

糸端1本の糸の始末…… 57、64

のり仕方げの方法…… 64

アクセサリー作りに

2個めのリングの作り方
(連続に作るリングの作り方)…… 42

マンテルとリングのつなぎ方…… 55

めがね留めの作り方…… 74

めがね留めを連続に作る…… 75

Cカンの開閉の仕方…… 99

つなぎ方

・ピコットつなぎ…… 52

・シャトルつなぎ…… 70、76

・円につなぐ I
(つなぐピコットが左側にある場合)…… 58

・円につなぐ II
(つなぐピコットが右側にある場合)…… 61

ビーズを入れる

・糸にビーズを通す…… 48

・シャトルにビーズを巻き込む…… 59

・ピコットにビーズを入れる…… 49

・ピコットに天然石を1個入れる…… 57

・リングにビーズを入れて作る…… 55

・ビーズを入れてモチーフを作る…… 59

リボン、テグスを使う

・シャトルにリボンを巻く…… 48

・シャトルにテグスを巻く…… 49

困ったときの対処法

・表目や裏目を間違って作ってしまったら…… 41

・左手の糸の輪が小さくなったら…… 41

・シャトルの糸がなくなったら(糸の足し方)…… 108

基本のモチーフ A to Z

タティングレースの基本的なテクニックを
Aから順にテクニックを加えてZまで、26種類のモチーフを紹介しています。

タティングレースでまず身につけてほしいテクニックは、
Aリング、Bピコット、Cスケールの3つ。すべてシャトルひとつで作ります。
How to make... A→p.38 B→p.44 C→p.46

4ページのA〜Cをベースに、「ピコットつなぎ」というテクニックを加えました。
H〜Kでは、さらに円のつなぎを覚えましょう。

How to make...
D→p.52 E→p.54 F→p.56 G→p.58 H→p.61 I→p.65 J→p.68 K→p.70

motif D

motif E

motif F

motif G

motif H

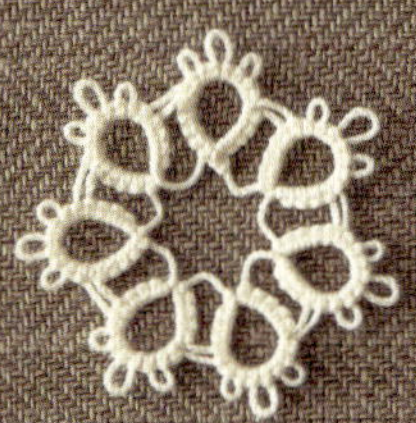

motif I

motif J

motif K

シャトルと糸玉を使い、ここからは「チェーン」というテクニックが加わります。
L〜Nはチェーンの初級、O〜Rは「チェーン+円につなぐ」も入れて。

How to make...
L→p.72　M→p.76　N→p.78　O→p.80　P→p.82　Q→p.85　R→p.87

motif L

motif M

motif N

motif O

motif P

motif Q

motif R

S〜Vは1段作ったら糸を切り、次の段は新しく糸をつけて作ります。
W〜Zはシャトルを2個使って作ります。今までのモチーフをマスターしてから始めましょう。

How to make...
S→p.90　T→p.92　U→p.94　V→p.97　W→p.100　X→p.103　Y→p.106　Z→p.109

motif S

motif T

motif U

motif V

motif W

motif X

motif Y

motif Z

基本をアレンジしたモチーフ

細い糸、太い糸、ラメの糸、リボンやテグスなど、糸をかえたり、
ビーズやスパンコールを加えてアレンジを楽しみます。
目数がかわる場合がありますが、作り方はすべて同じです。

A-6〜9は2個めのリングを作るときに、1個めをリングの輪の中に通して作ります。
B-4〜6はピコット部分にスパンコールを入れて。

How to make... A-1〜9→p.42　B-1〜6→p.44

リボン、テグス、ビーズ、スパンコールで表情豊かなモチーフに。
How to make... p.47

motif C

1

2

3

5

6

4

7

Dはシンプルに糸をかえて、Eはリングを2周と3周の2種類に。FとGは天然石やビーズを入れて作ります。
How to make… D-1〜4→p.53 E-1〜6→p.54 F-1〜3→p.57 G-1〜3→p.59

H-1はラメの糸にかえ、そのほかはビーズや天然石を加えて作ります。
How to make... H-1〜3→p.62　I-1〜5→p.66

Jはビーズをいっぱい入れて、K-2は中央に少し入れてポイントに、Lは糸で表情をかえています。
How to make... J-1〜4→p.69　K-1、2→p.71　L-1〜4→p.73

N-2はビーズ、O-3は天然石を入れ、そのほかは糸をかえて作りました。N-2、3はNを2倍にして作ります。
How to make... M-1〜4→p.77　N-1〜3→p.78　O-1〜3→p.81

P-2、P-3、Q-3、R-4は天然石やビーズを入れて。P-2とP-3はビーズを入れる位置は同じですが、
P-3は一部を天然石にしています。

How to make... P-1〜3→p.83　Q-1〜3→p.86　R-1〜4→p.89

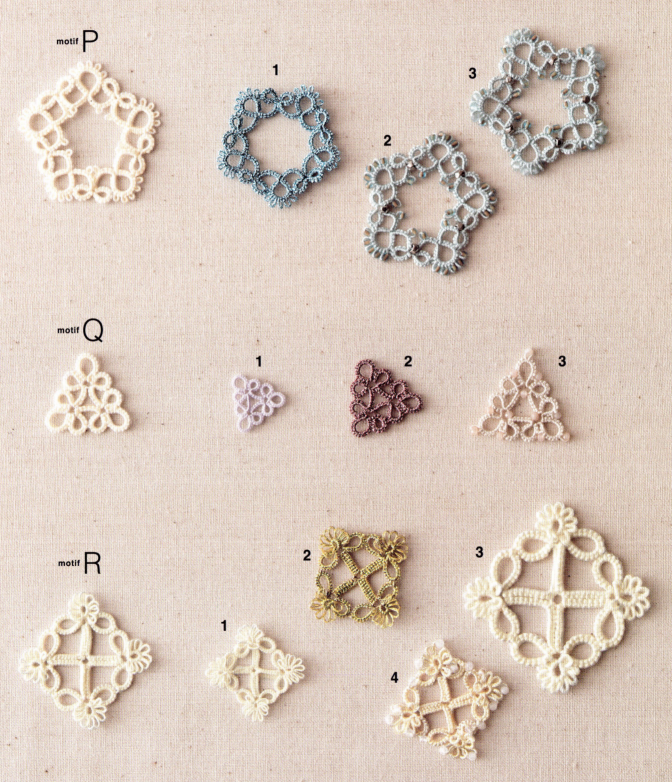

モチーフの内側と外側は色をかえることができるので、色合わせも楽しめます。
ビーズや天然石を入れるときは、同系色がおすすめ。
How to make... S-1、2→p.91　T-1〜3→p.93　U-1〜3→p.95

Vはシャトル1個、Wはシャトル2個で作ります。それぞれ色をかえて作れるので、
タティングレースに慣れるまでは2色使って作りましょう。
How to make… V-1〜3→p.98　W-1〜4→p.101

タティングレースに慣れてきたら、ぜひ、作ってほしいモチーフ。
Yはエンドレスで作れるデザイン。Zは1枚で存在感のある仕上がりです。

How to make... X-1〜3→p.104　Y-1〜4→p.107　Z-1〜3→p.111

アレンジモチーフをアクセサリーに

[モチーフ1〜2枚で作る] モチーフを作ったらアクセサリーにして身につけましょう。
最初は少ない枚数で簡単にできるものを紹介しています。

Rのピアス
How to make… p.89

Tのイヤリング
How to make… p.93

Jのピアス
How to make… p.69

Lのピアス
How to make…p.73

Nのブローチ
How to make…p.79

Wのネックレス
How to make…p.102

Vのチョーカー
How to make… p.99

[モチーフ数枚と…] 同じモチーフを何枚も作れるようになると、デザインのバリエーションも広がります。
モチーフの色、配置する位置など考えることも楽しくなるものがいっぱいです。

Mのネックレス
How to make... p.77

Oのネックレス
How to make... p.81

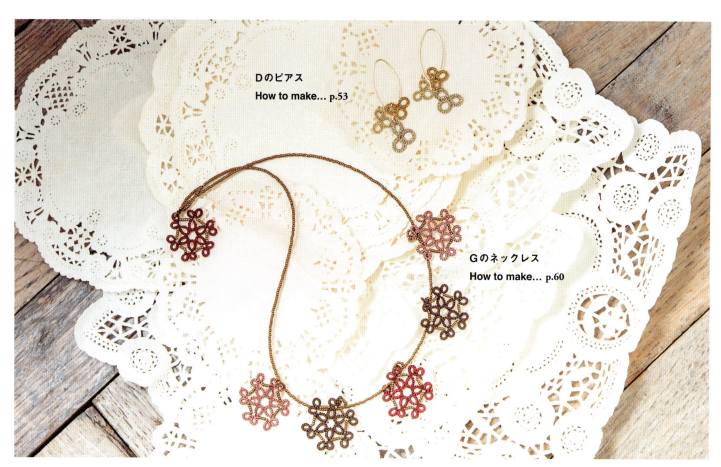

Dのピアス
How to make... p.53

Gのネックレス
How to make... p.60

Lのピアス
How to make... p.73

Qのネックレス
How to make… p.86

Iのネックレス
How to make... p.66

Cのブローチ
How to make... p.50

Eのブレスレット
How to make... p.55

Sのピアス
How to make... p.91

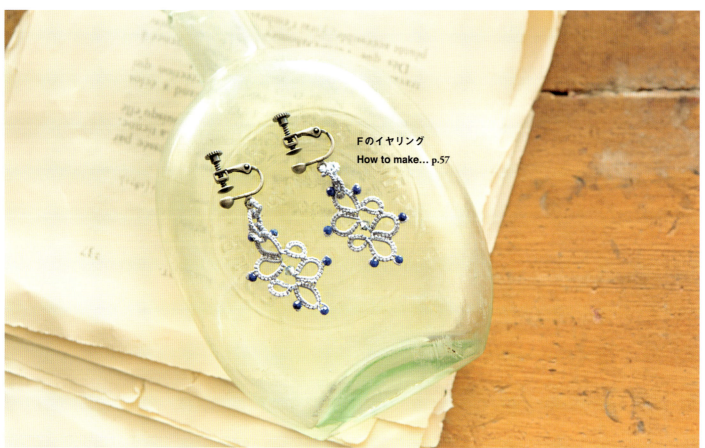

Fのイヤリング
How to make... p.57

Uのネックレス
How to make... p.96

Zのネックレス
How to make... p.111

Aのピアス&ネックレス
How to make... p.43

[モチーフをつなぎながら作る] モチーフを1枚作り、2枚めからは先に作ったモチーフにつなぎながら作ります。
つなぐ枚数をかえて、オリジナルを作ることができます。

Kのブレスレット
How to make... p.71

Hのネックレス
How to make... p.63

[モチーフを連続に作る] モチーフがブレードのように変身します。
ちょっとした連続でできるピアスも紹介していますから、まずはやさしいところから始めてください。

Pのネックレス
How to make… p.84

Bのピアス
How to make... p.45

Xのブレスレット
How to make... p.105

Yのラリエット
How to make... p.107

タティングレースの基本
用意するもの、知っておきたいことなどをここで覚えましょう。

材料と道具

糸 この本で使用した糸。すべて実物大

1. オリムパス タティングレース糸・細／1玉約40m巻 綿100%
2. オリムパス タティングレース糸・中／1玉約40m巻 綿100%
3. オリムパス タティングレース糸・太／1玉約40m巻 綿100%
4. オリムパス エミーグランデ／ハーブス(1玉約88m巻)、カラーズ(1玉約44m巻)を使用。どちらも綿100%
5. DMC ディアマント／メタリック刺しゅう糸　35m巻 ビスコース72%＋ポリエステル28% (一部、レーヨン＋ポリエステルの糸もある)
6. オリムパス タティングレース糸・ラメ／ 1玉約40m巻　ポリエステル100%
7. DARUMA ラメのレース糸 ♯30／1玉約137m巻 キュプラ80%＋ポリエステル20%
8. メルヘンアート ステンレスコード 0.8mm／5m巻 ナイロン33%＋エステル67%
9. 絹穴糸／手縫い用で複数のメーカーから発売。16号・カード巻きで20m巻。絹100%
10. シルクリボン／4mm幅。リボン刺しゅうに使うカード巻きのもの。アイロンで折りぐせを取ってから使う。ポリエステル、ナイロン、絹など素材はさまざま。
11. テグス／透明と色つきのものがあり、アクセサリーや小物作りに使う。この本では1号と4号の太さを使用。

シャトル

糸を巻き、結び目を作る道具で、先端が反り返った「ツノつき」のシャトルを使います。この本ではモチーフはシャトル1個で作るもの、シャトル2個で作るものを紹介しています。

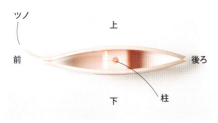

シャトルの名称。柱に糸を結び、巻きつけます。ツノを前にして、上を右手の人さし指、下を親指で持ちます。

そのほかに必要なもの

1. **レース針**／ピコットつなぎ、シャトルつなぎなどでピコットに入れたり、作り終わりの糸端をモチーフに通すときに使う。
2. **目打ち**／間違えた目をほどくときに。
3. **木工用ボンド**／糸の始末に。糸端をパーツに通す、先端を固めるときに使う。
4. **つまようじ**／糸の始末やピコットを作るときに使う。
5. **はさみ**／糸の始末は結び目のきわでカットするので、刃先の細いものがあると便利。
6. **アイスクリームなどのふた**／指定の寸法でスケールを作るときに使用。プラスチック製は、何度でも使えるのでおすすめ。
7. **ストロー**／直径約4mm。リボンやテグスなど折り目をつけないでピコットを作るときに。
8. **ミニクリップ**／別々に作った2つのパーツを一緒に持って作るときの、ズレや作りにくさを解消する。

※このほかに定規(またはメジャー)。作品によって瞬間接着剤など。

モチーフのアレンジやアクセサリーに必要なもの

ビーズ & 天然石

この本で使った主なもの。
写真の左端のワイヤー針は、糸にビーズを通すときに使用します。

1. 丸小ビーズ
2. スリーカットビーズ
3. 特小ビーズ
4. メタルビーズ
5. 竹ビーズ
6. 天然石・サンストーン
7. 天然石・アイオライト
8. スワロフスキークリスタル
9. スパンコール

ピアス & イヤリングの金具

ピアスゴムは、ピアスがはずれるのを防ぐために
キャッチとして持っていると便利です。

1. ピアス金具(U字タイプ)
2. ピアス金具(3つのカンつき)
3. イヤリング金具(ネジバネ式でカンつき)
4. イヤリング金具(透かし台つき)

メタルパーツやカン類

アクセサリーのパーツやつなぎに。1. はパーツを通してボンドでとめるタイプ。
5.、6. は通し穴に糸や丸カンなどでつなぐことができます。

1. ワイヤーフープ(カンつき)
2. メタルフープ
3. メタルフープ(ツイスト)
4. メタルパーツ(四角)
5. メタルプレート(三角)
6. リングパーツ
7. 丸カン
8. Cカン
9. つぶし玉

ネックレスやチョーカーに

1.～3. ネックレス部分に使うもの、4.～8. は留め金具です。
留め金具は本体の色に合わせて用意します。

1. 革丸ひも
2. ワイヤー
3. チェーン
4. マンテル(バーと輪のセット)
5. 引き輪
6. カニカン
7. ダルマ
8. マグネット金具

ブローチに

1. は透かしの部分にテグスでモチーフをつけ、2. はモチーフの糸端で
左のシャワー台につけます。

1. ブローチ金具(楕円透かし)
2. シャワーブローチ(ドーナツ)

作り始める前に知っておきたいこと

表目と裏目
タティングレースは表目と裏目でできていて、「表目＋裏目＝1目」と数えます。

表と裏の見分け方
シャトルを持って表目や裏目を作っている面が表で、その逆面が裏です。ピコットが入ったもので見るとわかりやすいです。

表　　　裏

リングとチェーン
シャトルの糸を輪にして目を作り、糸を引いて輪にしたものが「リング」、シャトルの糸と別の糸（シャトルの糸から続いている場合もあり）で作ったものが「チェーン」です。

ピコット
裏目と次の表目の間の糸で作るループで、そのまま飾りにしたり、つなぎにも使います。ピコットの大きさは、糸の太さやモチーフのデザインによってかえます。ピコットは結び目ではないので、表目や裏目のような目数には数えません。

スケール
一定の大きさでピコットを作りたいとき、スケールを使います。市販のものもありますが、アイスクリームなどのふたで代用できます。

リバースワーク
裏返すこと。リングからチェーン、チェーンからリングを作るときに使う言葉です（この本では「リバース」と表記）。

ピコットつなぎとシャトルつなぎ
左手にかけた糸でつなぐのが「ピコットつなぎ」、シャトルの糸でつなぐのが「シャトルつなぎ」です。つないだあと、ピコットつなぎはシャトルの糸が前後に動き、シャトルつなぎは動きません。

図の見方
モチーフやアクセサリーは、それぞれ作り方を図で表しています。100ページ以降のモチーフW～Zはシャトルを2個使うため、線の色分けをしています。

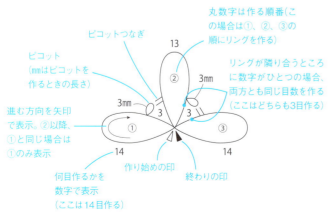

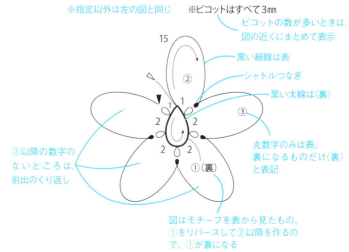

シャトルの糸の巻き方

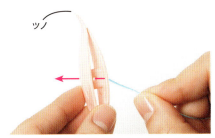

1 シャトルのツノを左上にして持ち、柱の穴に糸を通す。

2 糸が通った。

3 糸端を押さえ、糸を矢印の方向（手前から向こうに）に動かす。

4 糸端と1回結ぶ。

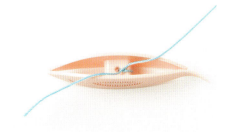

5 さらにもう1回結ぶ。

6 シャトルからはみ出した余分な糸端をカットする。

7 ツノを左上にして持ち、シャトルの下側は向こうから手前に巻く。

8 シャトルの上側は手前から向こうに巻く。

9 7〜8をくり返し、平らになるように平均に糸を巻く。

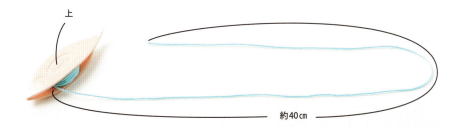

10 シャトルからはみ出さない程度に巻いたら、約40cmを残してカットする。糸端はシャトルを上（ツノが上）から見て必ず右側に出す。

{ motif A の作り方 …p.4 }

リングで表目、裏目の作り方、糸の始末などを覚えましょう。

糸 オリムパス タティングレース糸・中／生成り(T202)…70cm
用具 シャトル1個、はさみ、木工用ボンド、つまようじ、定規
※わかりやすいように、糸をかえて解説しています。

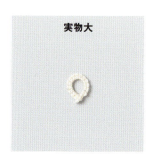
実物大

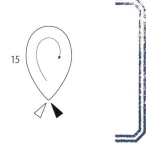
15

リングを作る
●シャトルと糸の持ち方

1 左手の親指と人さし指で糸端から約6cmのところを持ち、中指、薬指、小指に糸をかける。

2 小指までかけた糸を親指と人さし指で持ち、輪にする。

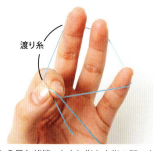

2を横から見た状態。人さし指と中指の間の糸を「渡り糸」といい、ここで表目、裏目を作る。

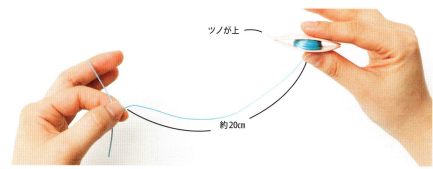

3 右手の親指と人さし指でシャトルを持つ。左手と右手の間の糸は、約20cmを目安にする。

Point
タティングで最初に覚えること

①タティングは**表目・裏目で1目**です。

②シャトルを渡り糸に通すとき、**シャトルから手を離さない**で作ります。

③「表目を作る」の**10〜12**、40ページの「裏目を作る」の**7〜8**の**糸の入れかわり**をしっかりマスターしましょう。

●表目を作る

1 糸をピンと張り、右手の小指に糸をかけるようにしてから手首を返す。

2 糸を手の甲にのせる。

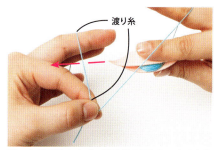

3 左手は動かさず、渡り糸の下にシャトルを入れる。

4 そのままシャトルを動かす。

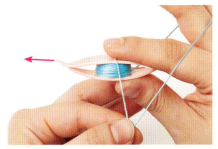
5 右手の人さし指とシャトルの間に、渡り糸を通す。

6 シャトルが通った。

7 次にシャトルと親指の間に、渡り糸を通す。

8 シャトルが通った。そのままシャトルを引き、右手の甲にかけていた糸をはずす。

9 さらにシャトルを引く。

巻き目を入れかえることがポイント

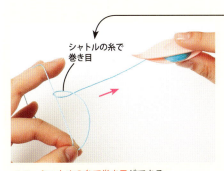
10 シャトルの糸で巻き目ができる。

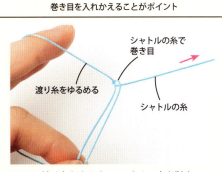
11 渡り糸をゆるめ、シャトルの糸を引く。

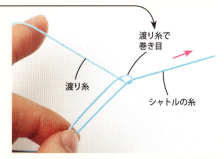
12 シャトルの糸をピンと張り、渡り糸で巻き目ができる。

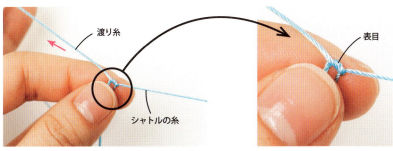
13 シャトルの糸と渡り糸をピンと張りながら、巻き目を人さし指に寄せる。表目ができた。

14 表目を親指と人さし指で押さえる。

39

● 裏目を作る

1 糸は右手にかけず、2の動作をする。

2 左手は動かさず、シャトルの下と親指の間に渡り糸を通す。

3 シャトルが通った。

4 次に人さし指とシャトルの間に渡り糸を通す。

5 そのままシャトルを引く。

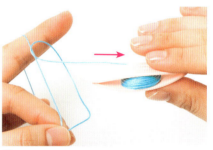

6 さらにシャトルを引く。

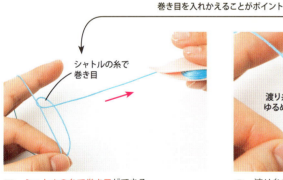

7 シャトルの糸で巻き目ができる。

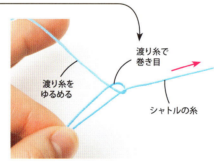

8 渡り糸をゆるめ、シャトルの糸を引く。シャトルの糸をピンと張り、渡り糸で巻き目ができる。

Point
1目できたら正しく作れているか確かめましょう

作った目を押さえ、シャトルの糸を引いて左手の糸の輪が小さくなったら、正しく作れています。糸が引けないときはシャトルの糸で巻き目ができているので、41ページの「表目や裏目を間違って作ってしまったら」を参照して間違った目をほどきます。小さくなった糸の輪は、41ページの「左手の糸の輪が小さくなったら」を参照して元に戻します。

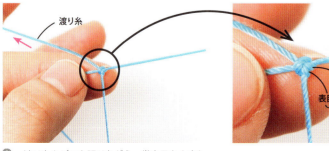

9 渡り糸をピンと張りながら、巻き目を人さし指に寄せる。裏目ができた。表目と裏目で1目と数える。

● 必要な目数を作る

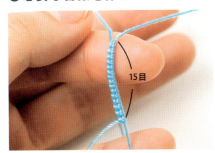

1 表目と裏目をくり返し、15目を作る。

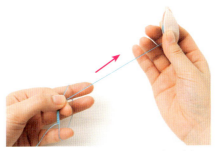

2 最後の目を押さえて、シャトルの糸を引く。

3 左手にかけた糸の輪が、指からはずれるまで引く。

4 糸の輪が小さくなったら、作った目の中央を押さえて糸を引く。

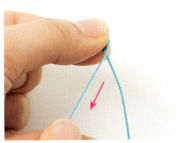

5 最後に糸端と交差させて輪をとじる。

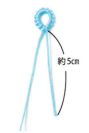

6 リングができた。糸端は約5cm残してカットする。

表目や裏目を間違って作ってしまったら
シャトルの糸で巻き目をしたままにすると、下の写真のように左手の糸の輪が縮まらないので、ほどいて作り直します。

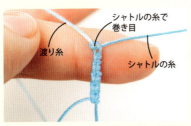

1 渡り糸にシャトルの巻き目がある状態。

2 シャトルのツノを巻き目に入れる。

3 シャトルのツノで巻き目を広げてほどく。ほどきにくいときは、目打ちを使う。

左手の糸の輪が小さくなったら
何目か作ると左手の糸の輪が小さくなり、作れなくなるので、糸の輪を広げます。

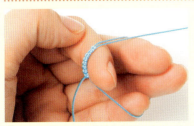

1 何目か作り、糸の輪が小さくなったところ。

2 左手で1目め側を押さえ、右手で糸の輪を手前に引く。

3 糸の輪が広がった。

●糸の始末をする

1 糸端2本を作った目の上にのせるようにして1回結ぶ。

2 つまようじに木工用ボンドをつけ、結び目につける。

木工用ボンド / つまようじ

3 もう1回結び、指で結び目が平らになるように押さえ、乾かす。

4 乾いたら、結び目のきわで余分な糸をカットする。リングの完成。

表　裏

基本をアレンジした motif A-1～9 …p.8

糸　A-1～A-5は70cm、A-6～9は各色70cm
- A-1 オリムパス タティングレース糸・細／ピンク（T107）
- A-2 絹穴糸／マンダリンオレンジ
- A-3 DMC ディアマント／ゴールド（D3821）
- A-4 オリムパス タティングレース糸・太／クリームイエロー（T306）
- A-5 メルヘンアート ステンレスコード 0.8mm／Newゴールド（715）
- A-6 オリムパス タティングレース糸・細／ピンク（T107）、アイボリー（T103）
- A-7 DMC ディアマント／ゴールド（D3821）、絹穴糸／マンダリンオレンジ
- A-8 オリムパス タティングレース糸・太／ミントグリーン（T309）、クリームイエロー（T306）
- A-9 メルヘンアート ステンレスコード 0.8mm／Newシルバー（716）、Newゴールド（715）

用具
シャトル1個、はさみ、木工用ボンド、つまようじ、定規

作り方
38ページのモチーフAを参照し、A-1～5はAと同様に作る。
A-6～9は目数をかえ、2個めのリングは下の写真を参照して作る。

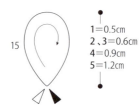

A-1～5
15
1＝0.5cm
2、3＝0.6cm
4＝0.9cm
5＝1.2cm

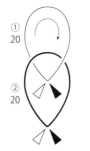

A-6～9
① 20
② 20
6＝0.6cm
7＝0.7cm
8＝1.3cm
9＝1.5cm

A-6～9の2個めのリングの作り方（連続に作るリングの作り方）

※A-8（1個め＝クリームイエロー、2個め＝ミントグリーン）で解説しています。

1 シャトルにミントグリーンの糸を巻き、糸に1個めのリングを通す。

1個めのリング / ミントグリーンの糸

2 2個めのリングを作る。左手の糸の輪中に1個めのリングがある状態で、20目を作る。

3 糸端を1個めのリングに通してからシャトルの糸を引き、リングにする。1個めと同様に糸の始末をする。

20目

motif Aのピアス&ネックレス …p.29

ピアス（写真左） サイズ 長さ約4.5cm（金具を除く）

材料
メルヘンアート ステンレスコード0.8mm／Newシルバー(716)、Newゴールド(715)…各2m
メタルフープ／ゴールド(14mm)…2個、(12mm)…2個
メタルフープ・ツイスト／ゴールド(16mm)…2個
丸カン／ゴールド(0.7×4mm)…2個
ピアス金具／ゴールド…1組

用具
シャトル1個、はさみ、木工用ボンド、つまようじ、定規、ヤットコ、丸ペンチ

ピアス（写真右） サイズ 長さ約4cm（金具を除く）

材料
絹穴糸／マンダリンオレンジ…2m　ライトアプリコット…1.4m
DMC ディアマント／ゴールド(D3821)…1.2m
メタルフープ／ゴールド(12mm)…4個、(9mm)…2個
ピアス金具／ゴールド…1組

用具
シャトル1個、はさみ、木工用ボンド、つまようじ、定規、ヤットコ

ネックレス サイズ トップパーツの長さ約4cm

材料
絹穴糸／マンダリンオレンジ…1.2m
　　　　ライトアプリコット…90cm
DMC ディアマント／ゴールド(D3821)…80cm
メタルフープ／ゴールド(12mm)…2個、(9mm)…1個
チェーン／ゴールド(1輪が1×1mm)…45cm
Cカン／ゴールド(0.6×3×4mm)…2個
ダルマ／ゴールド(3×6mm)…1個
引き輪／ゴールド(6mm)…1個

用具
シャトル1個、はさみ、木工用ボンド、つまようじ、定規、ヤットコ、丸ペンチ

ピアス（写真左）の❶の作り方

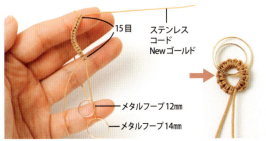

1 1個めのリングを作る。シャトルにゴールドの糸を巻き、糸にメタルフープ12mmと14mmを通す。左手の糸の輪の中にメタルフープがある状態で、15目を作る。シャトルの糸を引き、リングにする（糸の始末は42ページを参照）。

2 2個めのリングを作る。シャトルにシルバーの糸を巻き、糸に❶のリングを通す。左手の糸の輪の中に❶のリングがある状態にし、15目を作る。シャトルの糸を引いてリングにし、3個め以降は2個めの要領で作る。

motif B の作り方 …p.4

リングでピコットの作り方を覚えましょう。

糸 オリムパス タティングレース糸・中／生成り(T202)…70cm
用具 シャトル1個、はさみ、木工用ボンド、
　　　 つまようじ、定規

※わかりやすいように、糸をかえて解説しています。

実物大

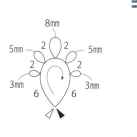

●ピコット

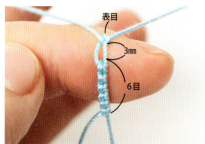

1 リングで6目を作り(38ページを参照)、3mmあけて表目を作る。

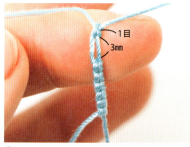

2 3mmがずれないように表目を親指で押さえ、裏目を作る。

3 最後に作った1目を指で押さえ、シャトルの糸をピンと張って6目のほうに寄せる。

4 ピコットができた。

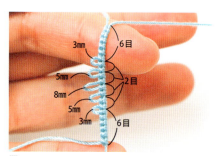

5 指定の位置で、1の間隔を5mm、8mm、5mm、3mmにしてピコットを作る。

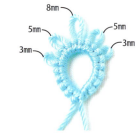

6 シャトルの糸を引き、リングにする(糸の始末は42ページを参照)。

基本をアレンジした motif B-1〜6 …p.8

糸
B-1 絹穴糸／ダークオレンジ…70cm
B-2 オリムパス タティングレース糸・細／パンプキン(T111)…70cm
B-3 オリムパス タティングレース糸・ラメ／カッパー(T408)…70cm
B-4〜B-6 B-4はB-1の糸、B-5はB-2の糸、B-6はB-3の糸で、
　　　　それぞれスパンコール／オーロラベージュ(3mm)を3枚用意する

用具
シャトル1個、はさみ、木工用ボンド、つまようじ、定規
そのほかにB-4〜6はワイヤー針

作り方
モチーフBを参照し、B-1〜3はBと同様に作る。B-4〜6は48、49ページのC-5、6の作り方を参考に、糸にスパンコールを3枚通し、ピコットの部分にスパンコールを入れる。

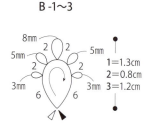

B-1〜3
1=1.3cm
2=0.8cm
3=1.2cm

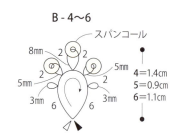

B-4〜6
4=1.4cm
5=0.9cm
6=1.1cm

motif B のピアス …p.32

サイズ 長さ約4.5cm（金具を除く）

材料

絹穴糸／アプリコット…2.4m
　　　　黄緑…3m
　　　　ダークオレンジ…3.6m
スパンコール／オーロラベージュ（3mm）…18枚
スリーカットビーズ／オレンジゴールド…42個
ピアス金具／ゴールド…1組

用具
シャトル1個、ワイヤー針、はさみ、
木工用ボンド、つまようじ、定規、ヤットコ

❶ アプリコットの糸で a～e の順にパーツを作る

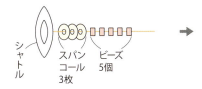

a シャトルに糸を巻き、ワイヤー針でスパンコールとビーズを通し、スパンコールとビーズをシャトルに巻き込む
（48ページの「糸にビーズを通す」を参照）

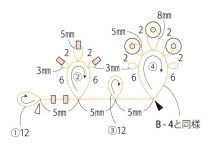

b 糸端約6cm残して①のリング（12目）を作る

c シャトルからビーズを2個出し、5mmあけたところから②のリング（ビーズ3個を左手の糸の輪に入れる）を作る

d 5mmあけて③のリング、5mmあけて④のリングを作る

e 糸の始末をする

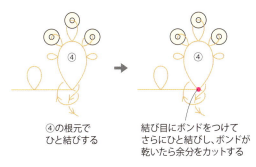

④の根元でひと結びする

結び目にボンドをつけてさらにひと結びし、ボンドが乾いたら余分をカットする

※①の糸端も上記の要領で始末する

❷ ❶の要領で、黄緑の糸でパーツを作る

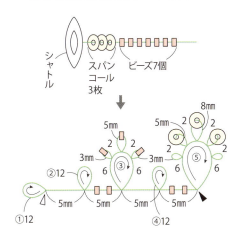

❸ ❶の要領で、ダークオレンジの糸でパーツを作る

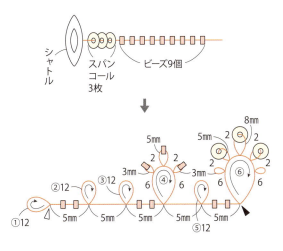

❹ ダークオレンジの糸で❶～❸をリング15目でつなぐ
（42ページの「2個めのリングの作り方」の要領）

❺ ピアス金具を❹に通す

❻ 43ページのピアス（写真左）と同様に、ヤットコで金具をとじる

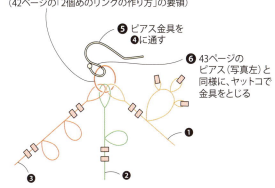

motif C の作り方 …p.4

リングでスケールを使うモチーフの作り方を覚えましょう。

糸 オリムパス タティングレース糸・中／生成り(T202)…70cm
用具 シャトル1個、アイスクリームなどのふた、はさみ、木工用ボンド、つまようじ、定規
※わかりやすいように、糸をかえて解説しています。

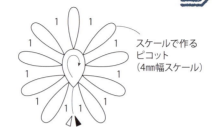

●スケールで作るピコット

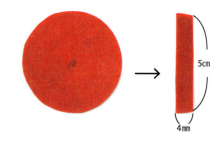

1 アイスクリームのふたなど、プラスチック製のものを使い、指定の幅でカットしてスケールを作る。

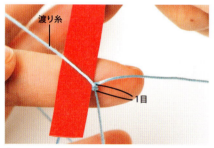

2 リングで1目作り(38ページを参照)、渡り糸と人さし指の間にスケールを差し込む。

3 1目めとスケールを押さえながら、スケールの右側で表目を作る。

4 スケールの右側で表目を寄せる。

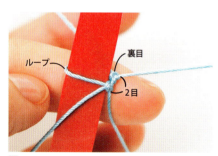

5 続けて裏目を作る。スケールにかかった糸(ループ)は、ゆるまないように注意する。スケールにループが1個でき、2目できた。

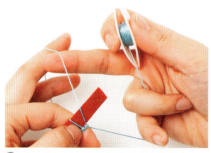

6 3目めからは、表目を作る前に渡り糸をスケールの手前に移動する。

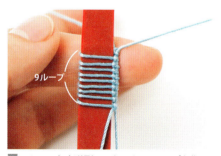

7 3〜6をくり返し、スケールに9ループを作る。

8 作った目を押さえながらスケールを抜く。

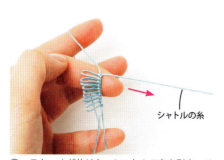

9 スケールが抜けた。シャトルの糸を引き、リングにする。

10 スケールのモチーフができた。裏はスケールのループが表よりふっくらするので、裏を表にして使う(糸の始末は42ページを参照)。

基本をアレンジした motif C-1〜7 …p.9

材料
- **C-1** オリムパス タティングレース糸・細／
  ターコイズ(T113)…70cm
- **C-2** 絹穴糸／ペールブルー…70cm
- **C-3** 絹穴糸／サンドベージュ…70cm
- **C-4** シルクリボン／ブルーグレー(4mm幅)…70cm
- **C-5** 絹穴糸／サンドベージュ…70cm
  スリーカットビーズ／グレー…35個
- **C-6** 絹穴糸／ペールブルー…70cm
  丸小ビーズ／パールグリーン…35個
- **C-7** カラーテグス4号／ブラウン…70cm
  スパンコール／オーロラベージュ(3mm)…5枚

用具
シャトル1個、はさみ、木工用ボンド、つまようじ、定規
そのほかに、C-3はアイスクリームなどのふた、C-4、7は
直径約4mmのストロー、C-5、6はワイヤー針

作り方
C-1、2は下の写真、C-3は46ページのモチーフCと同様、
C-4は48ページ、C-5、6は48〜49ページ、C-7は49ページを参照する。

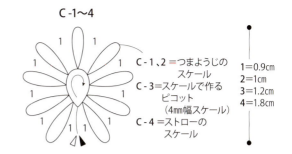

C-1〜4
C-1、2＝つまようじのスケール
C-3＝スケールで作るピコット(4mm幅スケール)
C-4＝ストローのスケール

1=0.9cm
2=1cm
3=1.2cm
4=1.8cm

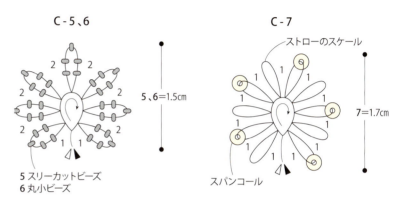

C-5、6　5、6=1.5cm
5 スリーカットビーズ
6 丸小ビーズ

C-7　7=1.7cm
ストローのスケール
スパンコール

C-1、2の作り方
つまようじをスケールにして作ります。わかりやすいように、糸をかえています。

●つまようじのスケール

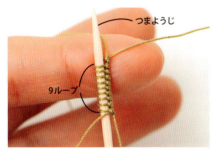

1 46ページのモチーフCの要領で、スケールをつまようじにかえて作る。

つまようじ
9ループ

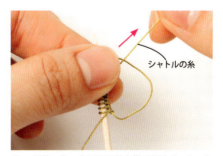

2 最後に作った目のほうを指で押さえ、シャトルの糸を引いて糸の輪を小さくする。

シャトルの糸

裏

3 次に、最初に作った目を指で押さえ、つまようじを抜く。

4 シャトルの糸を引き、リングにする。裏はつまようじのループが表よりふっくらするので、裏を表にして使う(糸の始末は42ページを参照)。

Point
つまようじで作るピコット

細い糸でピコットを作るとき、46ページのスケールと同様につまようじで作ると、一定の大きさのピコットが作れます。

C-4の作り方
ストローをスケールにして作ります。シャトルに巻くとき、目を作るときなどリボンの扱い方を覚えましょう。

●シャトルにリボンを巻く

1 シャトルに別糸が少し残った状態で、別糸とリボンを結ぶ。

2 左手でリボンをはさむ。シャトルを横向きにして持ち、左手は動かさず、シャトルを回転させてリボンが折れないように巻いていく。

3 シャトルにリボンが巻けたら、リングを作る。リボンは平らな状態で指にかけ、1目作る。

●ストローのスケール

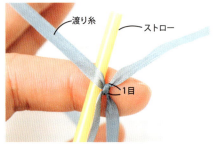

4 渡り糸と人さし指の間にストローを差し込む。

5 46ページの3〜5と同様にストローの右側で1目作り、渡り糸をストローの手前に移動する。

6 4と同じ状態になった。

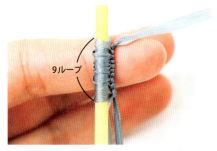

7 5〜6をくり返し、ストローに9ループを作る。

表

8 ストローを抜き、シャトルのリボンを引いてリングにする。

裏

9 裏はスケールのループが表よりふっくらするので、裏を表にして使う（糸の始末は42ページを参照）。

C-5、6の作り方
ビーズでモチーフCの形を作ります。写真は6で解説しています。

●糸にビーズを通す

1 糸にビーズを通すとき、ワイヤー針を使う。

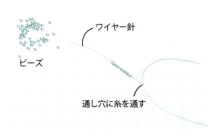

2 ワイヤー針の通し穴に糸を通し、ワイヤー針にビーズを35個通す。

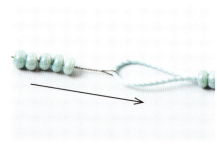

3 指でビーズを糸のほうに動かし、ビーズを通していく。ワイヤー針の穴が縦長に変形するが、通し終えたら目打ちなどで広げて元に戻す。

●ピコットにビーズを入れる

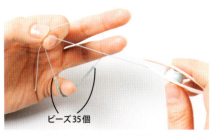

4 リングを作る(38ページを参照)。左手の糸の輪の中にビーズが35個ある状態で1目作る。

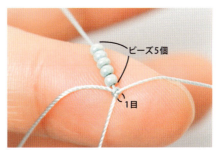

5 1目のきわにビーズを5個寄せる。

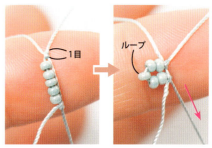

6 ビーズのきわに1目作り、5の目に寄せる。ループができた。

7 続けて1目を作る。

8 5〜7を6回くり返し(ただし6回めは6までにする)、全部で7ループを作る。

9 シャトルの糸を引き、リングにする。裏は表よりふっくらするので、裏を表にして使う(糸の始末は42ページを参照)。

C-7の作り方

ストローをスケールにして作ります。テグスは張りが強いので、目が作りにくいかもしれません。レース糸などでタティングレースに慣れてから始めてください。

●シャトルにテグスを巻く

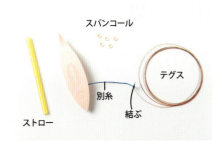

1 シャトルに別糸が少し残った状態で別糸とテグスを結び、シャトルにテグスを巻く。テグスを巻き終えたらスパンコール5枚をテグスに通し、ストローを用意する。

2 リングを作る。左手の糸の輪の中にスパンコールが5枚ある状態で1目作る。

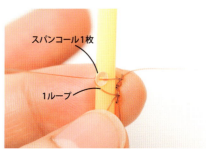

3 47ページの図を参照し、46ページの**2**〜**6**の要領でストローにループを作る。2つめのループはスパンコールを1枚寄せてからループを作る。

4 2ループができた。

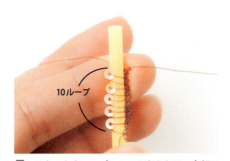

5 ひとつおきにスパンコールを入れて、全部で10ループを作る。

6 ストローを抜き、シャトルのテグスを引いてリングにする。51ページの**10**と同様に糸の始末をする。裏はストローのループが表よりふっくらするので、裏を表にして使う。

motif C のブローチ …p.25

サイズ 直径約4cm

材料
絹穴糸／ペールブルー、サンドベージュ…各3m
シルクリボン／ブルーグレー（4mm幅）…2m
カラーテグス4号／ブラウン…1.5m
丸小ビーズ／パールグリーン…105個
スリーカットビーズ／グレー…175個
特小ビーズ／モカ…70個
スパンコール／オーロラベージュ（3mm）…15枚
天然石／リバーストーン（約3mm）…10個
シャワーブローチ・ドーナツ／金古美（38mm）…1個

用具
シャトル1個、ワイヤー針、アイスクリームなどのふた、
直径約4mmのストロー、はさみ、木工用ボンド、つまようじ、
定規、ヤットコ

❶ モチーフを作る　※すべて糸端は残しておく

小花モチーフ（9弁）

a＝絹穴糸（ペールブルー）2枚→つまようじのスケールで47ページのC-1、2と同様に作る
b＝絹穴糸（サンドベージュ）4枚→スケールで作るピコット（4mm幅スケール）で46ページのCと同様に作る
c＝シルクリボン 2枚→ストローのスケールで48ページのC-4と同様に作る

小花モチーフ（7弁）

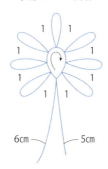

d＝シルクリボン 2枚→ストローのスケールで48ページのC-4と同様に作る

※すべて48、49ページのC-5、6と同様に作る

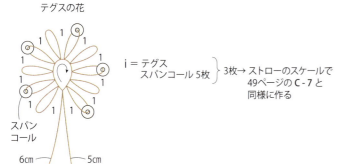

糸	ビーズ	枚数
e	絹穴糸（ペールブルー）	丸小ビーズ（パールグリーン）35個	3
f	絹穴糸（ペールブルー）	スリーカットビーズ（グレー）35個	3
g	絹穴糸（サンドベージュ）	スリーカットビーズ（グレー）35個	2
h	絹穴糸（サンドベージュ）	特小ビーズ（モカ）35個	2

i＝テグス　スパンコール 5枚 　3枚→ストローのスケールで49ページのC-7と同様に作る

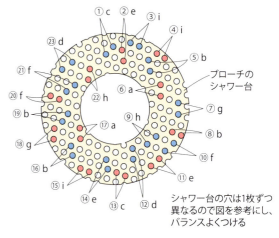

❷ ブローチのシャワー台に❶をつける。51ページの写真を参照し、①〜㉓の順にシャワー台につける（わかりやすいように通す位置を●と●で表示）

シャワー台の穴は1枚ずつ異なるので図を参考にし、バランスよくつける

❸ ブローチの土台に❷をのせ、ヤットコで土台のツメを折って固定する

シャワー台に小花モチーフ、ビーズの花、テグスの花をつける（50ページの❷）

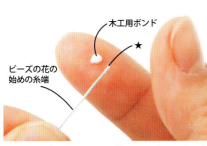
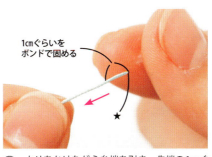
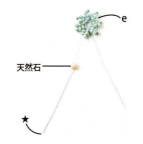

1 ビーズの花e〜hに天然石を通す。人さし指に木工用ボンド（以下、ボンド）をつけ、始めのほうの糸端をはさむ。

2 よりをかけながら糸端を引き、先端の1cmぐらいにボンドをつける。そのまま乾かして固める。

3 ボンドをつけた糸端に、天然石を1個通す。

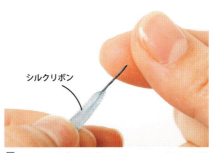
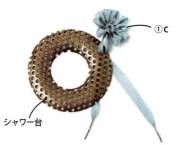

4 対角線のビーズのループに糸端を通す。同様に、ビーズの花10個にそれぞれ天然石を通す。

5 シルクリボン（小花モチーフのc、d）は、両端とも1〜2と同様にボンドをつけて固める。

6 50ページの❷を参照し、①から順にシャワー台にモチーフをつける。①の位置にcの糸端を通す。

7 シャワー台の裏で1回結び、結び目にボンドをつけてもう1回結ぶ。乾いたら、糸端を少し残してカットする（**11**を参照）。

8 ②の位置にeを通し、**7**と同様につける。

9 ③の位置にiを通す。

10 裏で1回結び、ボンドをつけたら次は2回からげて結ぶ（張りがあるので、ほどけにくくするため）。

11 結んだところ。糸端は、ほかより少し長めに残してカットする。

12 ①〜③がシャワー台についた。④以降も同様につける。

motif D の作り方 …p.5

リングを作りながら「ピコットつなぎ」で3つのリングをつなぎます。

糸 オリムパス タティングレース糸・中／生成り(T202)…1.1m
用具 シャトル1個、10号レース針、はさみ、木工用ボンド、つまようじ、定規
※わかりやすいように、糸をかえて解説しています。

実物大

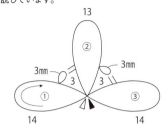

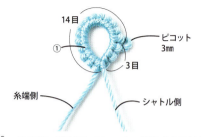

1 ①のリング(14目、ピコット、3目)を作る(44ページのモチーフBの要領)。

表目をのせると、次のリングとの間にすき間ができない

失敗例

2 ①を指で押さえて②のリングを作る。最初の表目は、①のリングの上にのせる。

表目を①と並べて作ると、あとで①と②の間にすき間ができてしまい、きれいなモチーフにならない。必ず、**2**のようにのせる。

3 次に裏目を作るとリングにのっていた表目が右にずれ、①と隣り合う。

●ピコットつなぎ

4 全部で3目作ったら、ピコットつなぎをする。レース針(以下、針)を①のピコットに入れる。

5 左手にかけた糸の輪(②のリング用)を針にかけて引き出す。

6 糸はシャトルが通るぐらい引き出す。

7 針をはずし、シャトルを通す。

8 左手の指を広げ、糸の輪を元の形に戻す。

9 シャトルを引き、糸が動く(糸の輪が大小する)のを確認する。このとき、親指でモチーフを押さえる。

10 ピコットつなぎができた。

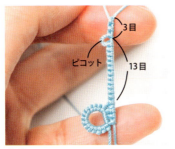
11 ②の続き(13目、ピコット、3目)を作る。

12 シャトルの糸を引き、リングにする。

13 ③は2〜10をくり返してピコットつなぎまで作る。

14 続けて14目を作る。

15 シャトルの糸を引き、リングにする(糸の始末は42ページを参照)。

基本をアレンジした motif D-1〜4 …p.10

材料
D-1 絹穴糸／レモンイエロー…1.1m
D-2 DMC ディアマント／ゴールド(D3821)…1m
D-3 オリムパス タティングレース糸・ラメ／イエローゴールド(T407)…1.1m
D-4 DARUMA ラメのレース糸#30／ライトゴールド(1)…1.1m
用具
シャトル1個、10号レース針、はさみ、木工用ボンド、つまようじ、定規
作り方
モチーフDを参照し、同じ目数で糸をかえて同様に作る。

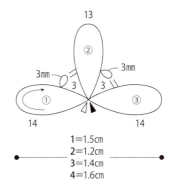

1=1.5cm
2=1.2cm
3=1.4cm
4=1.6cm

motif D のピアス …p.22　サイズは上記のD-2〜4を参照

材料
DMC ディアマント／ゴールド(D3821)…2m
オリムパス タティングレース糸・ラメ／イエローゴールド(T407)…2.2m
DARUMA ラメのレース糸#30／ライトゴールド(1)…2.2m
Cカン／ゴールド(0.7×3.5×4.5mm)…6個
ピアス金具(3つのカンつき)／ゴールド(約30×12mm)…1組
用具
シャトル1個、10号レース針、はさみ、木工用ボンド、つまようじ、定規、ヤットコ、丸ペンチ

モチーフを作り、Cカンでピアス金具につなぐ
(Cカンの開閉は99ページを参照)

motif E の作り方 …p.5

ピコットつなぎをするときの
糸の動かし方に注意して、三重のリングを作ります。

糸 オリムパス タティングレース糸・中／生成り(T202)…1m
用具 シャトル1個、10号レース針、はさみ、木工用ボンド、つまようじ、定規
※わかりやすいように、糸をかえて解説しています。

実物大

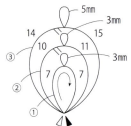

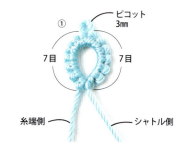

1 ①のリング(7目、ピコット、7目)を作る(44ページのモチーフBの要領)。

2 ②のリングは10目を作り(最初の表目は52ページの**2**と同様)、①を10目の後ろから右側に動かす。

3 ②の右に①がきた。

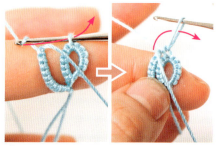

4 ピコットつなぎをする(52ページを参照)。レース針を①のピコットに入れ、糸をかけて引き出し、シャトルを矢印のように通す。

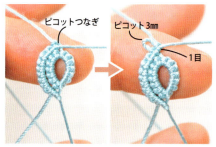

5 シャトルを通してピコットつなぎをし、続けてピコットを作る。

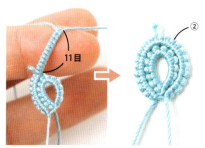

6 全部で11目を作り、シャトルの糸を引いて①に沿わせるように調整してリングにする。①の外側に②ができた。

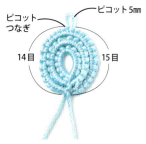

7 **2**～**6**の要領で、②の外側に③を作る(糸の始末は42ページを参照)。

基本をアレンジした motif E-1～6 …p.10

材料
E-1、2 オリムパス タティングレース糸・細／ライトブルー(T110)…**E-1**は90cm、**E-2**は1m
E-3、4 絹穴糸／ライトピンク…**E-3**は1m、**E-4**は1.2m
E-5、6 オリムパス タティングレース糸・太／クリーム(T302)…**E-5**は1.2m、**E-6**は1.4m
用具 シャトル1個、10号レース針、はさみ、木工用ボンド、つまようじ、定規
作り方
モチーフEを参照し、指定の糸で**E-1、3、5**は②まで、**E-2、4、6**は同じ目数で同様に作る。

motif Eのブレスレット …p.25

サイズ 全長約20.5cm

材料

絹穴糸／ライトベージュ…3.4m　ライトピンク…5.1m
淡水パール／ライス型(約4×3mm)…42個
丸小ビーズ／ベージュ…44個
マンテル／ロジウム(輪11×14mm、バー15mm)…1組

用具

シャトル1個、ワイヤー針、10号レース針、はさみ、木工用ボンド、
つまようじ、定規

※シャトル1個で作るので、糸ごとに❶～❸をする

❶ 48ページを参照し、ライトベージュの糸 3.4m、ライトピンクの糸3.6mにそれぞれビーズを通す(ライトベージュ、ライトピンク共通)

丸小ビーズ22個
淡水パール21個

❷ 下記の順に糸を巻く
(59ページの「シャトルにビーズを巻き込む」を参照)

＜ライトベージュの糸＞
カラ巻き20回→○＋カラ巻き2回→(○○＋カラ巻き2回)×12回くり返す
→[カラ巻き10回]→(○○＋カラ巻き2回)×9回くり返す
→約40cm残して糸を切る

＜ライトピンクの糸＞
ライトベージュの糸の[ ]をカラ巻き15回にかえ、そのほかは同様にする

❸ 写真を参照してパーツを作る。糸の始末は45ページの❶-eと同様

＜ライトベージュの糸＞
リング(10目と淡水パールで作る)
リング(15目)
丸小ビーズ
モチーフEと同じ
淡水パール
9回くり返す
リング(15目)
12回くり返す
モチーフを作ったら、モチーフの根元で糸をひと結びし、続きを作る
シャトル

＜ライトピンクの糸＞
モチーフ以外はライトベージュの糸と同様に作る
モチーフE
モチーフE-1、3、5
と同じ
モチーフを2枚作ったら、2枚を重ねて左の淡水パール側の糸にひと結びし、続きを作る

❹ a～dの順に仕上げる

マンテル(輪)
マンテル(バー)
a 始めと終わりの向きを逆にする
b マンテルとリング(ライトピンクの糸で15目)をつなぐ(下の写真を参照)
c ❸のリング2個とbのリングをリング(ライトピンクの糸で15目)でつなぐ(42ページの「2個めのリングの作り方」の要領)
d b、cと同様に作る

❸の作り始め(リングにビーズを入れて作る)

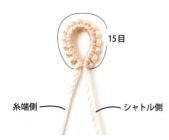

1 15目でリングを作る(38ページを参照)。

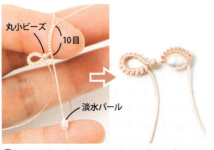

2 丸小ビーズを1個、1のきわに寄せ、次のリングを作る。左手にかけた糸の輪の中に淡水パールが1個ある状態にして10目を作り、シャトルの糸を引いてリングにする。

3 2をくり返し、リングとリングの間に丸小ビーズ、リングの中に淡水パールを入れて作る。リングは自然に上を向いたり、下を向いたりする。

❹マンテルとリングのつなぎ方

1 マンテルの通し穴にシャトルの糸を通し、左手にかけた糸の輪の中にマンテルがある状態で15目を作る。マンテルの通し穴に糸端を通す。

2 そのまま15目の中央までマンテルを移動させる。

3 シャトルの糸を引いてリングにする。マンテルとリングがつながった。

motif F の作り方 …p.5

リング、ピコット、ピコットつなぎに、
リバース（裏返す）を加えたモチーフです。

糸 オリムパス タティングレース糸・中／生成り（T202）…1.5m
用具 シャトル1個、10号レース針、はさみ、木工用ボンド、つまようじ、定規
※わかりやすいように、糸をかえて解説しています。

実物大

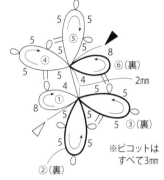

※ピコットはすべて3mm

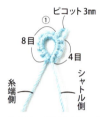

1 ①のリング（8目、ピコット、4目）を作る（44ページのモチーフBの要領）。

2 ①をリバース（裏返す）し、左手の人さし指にのせる。

3 ②のリングを作る。左手にかけた糸の輪と①を親指で押さえる。

4 5目とピコットを交互に作る（最初の表目は52ページの2と同様。③、⑤、⑥も同様）。

5 シャトルの糸を引いてリングにする。

6 ②に続けて③のリングを作る。

7 5目作る。

8 ②のピコットにピコットつなぎをする。

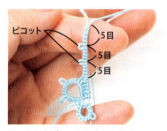

9 5目とピコットを交互に作る。

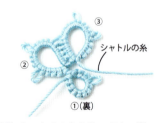

10 シャトルの糸を引いてリングにする。

11 ④を作る。③をリバースし、2mmあけて表目を作る。

12 ③と同様に全部で5目作り、①のピコットにピコットつなぎをする。

13 9と同様に残りを作る。

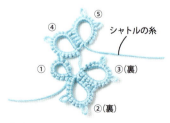

14 シャトルの糸を引いてリングにし、⑤は③（6～10）と同様に作る。

56

●糸の始末（糸端1本の糸の始末）

15 ⑤をリバースし、⑥を作る。4目、③のピコットにピコットつなぎ、8目を作る。

16 シャトルの糸を引いてリングにし、糸の始末をする。糸端をモチーフの空間に通す。

17 16でできた輪に糸端を通して引き締める。

18 引き締めたところに木工用ボンドをつけ、16～17をもう1回くり返す。乾いたら結び目のきわで余分な糸をカットする（作り始めも同様に始末する）。

基本をアレンジしたmotif F-1～3 …p.10

材料

F-1 オリムパス タティングレース糸・細／
　　ライトブルー（T110）…1.2m
　　a／スリーカットビーズ　ホワイトシルバー…6個
　　b／カットガラスビーズ　ブルーグレー（2mm）…1個

F-2 絹穴糸／ラベンダーブルー…1.4m
　　a／天然石 ラピスラズリ・ラウンドカット（2mm）…6個
　　b／スワロフスキークリスタル#5328
　　　　ライトサファイヤサテン（3mm）…1個

F-3 DARUMA ラメのレース糸 #30／
　　シルバー（2）…1.7m
　　a、b／スワロフスキークリスタル#5328
　　　　ブラックダイヤモンドサテン（3mm）…7個

用具
シャトル1個、ワイヤー針、10号レース針、はさみ、木工用ボンド、つまようじ、定規

作り方
モチーフFを参照し、同じ目数で指定の位置にビーズを入れて作る。

❶ 糸にビーズを通す
（48ページの「糸にビーズを通す」を参照）

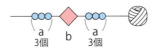
a 3個　b　a 3個

❷ 下記の順に糸を巻く
（59ページの「シャトルにビーズを巻き込む」を参照）

カラ巻き（F-1は5回、F-2は10回、F-3は15回）→
a 2個＋カラ巻き4回→ a 1個＋カラ巻き4回→
b 1個＋カラ巻き4回→ a 1個＋カラ巻き4回→
a 2個＋カラ巻き4回→ 約40cm残して糸を切る

❸ Fと同じ目数でビーズを入れながら作る
（下の写真を参照）

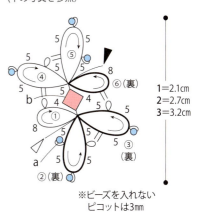

※ビーズを入れないピコットは3mm

1＝2.1cm
2＝2.7cm
3＝3.2cm

motif Fのイヤリング …p.26

サイズ　長さ約2.7cm（金具を除く）

材料
絹穴糸／ラベンダーブルー…4.3m
a／天然石 ラピスラズリ・ラウンドカット（2mm）…12個
b／スワロフスキークリスタル#5328
　　ライトサファイヤサテン（3mm）…2個
イヤリング金具／銅古美…1組

用具
シャトル1個、ワイヤー針、10号レース針、はさみ、木工用ボンド、つまようじ、定規

❶ モチーフを作る（F-2と同様）
❷ 絹穴糸 15目のリング（42ページの「2個めのリングの作り方」の要領で、❶から2個続けて作る）
❸ 絹穴糸 13目のリング（❷の要領で、❷とイヤリング金具をつなぐ）
イヤリング金具

●ピコットに天然石を1個入れる

天然石　表目　1目

1 左手にかけた糸の輪の中に天然石（以下、石）がある状態で作り始め、ピコットは石を左の目のきわに寄せ、石の大きさと同じくらいの間隔をあけて1目作る。

2 石の大きさに合わせて間隔をあけるので、石の穴が横向きにならず、上下の向きになって仕上がりがきれいになる。

motif G の作り方 …p.5

リングを作りながら、円につなぐテクニックを覚えましょう。

糸 オリムパス タティングレース糸・中／生成り(T202)…2.6m
用具 シャトル1個、10号レース針、はさみ、木工用ボンド、つまようじ、定規
※わかりやすいように、糸をかえて解説しています。

実物大

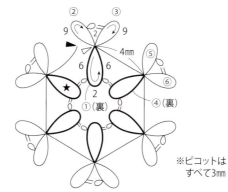
※ピコットはすべて3mm

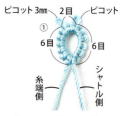

1 ①のリング(6目、ピコット、2目、ピコット、6目)を作る(44ページのモチーフBの要領)。

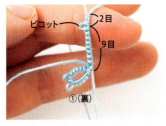

2 ①をリバース(裏返す)し、②のリング(9目、ピコット、2目)を作る(最初の表目は52ページの2と同様。③も同様)。

3 シャトルの糸を引いてリングにする。

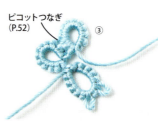

4 図を参照し、②のピコットにピコットつなぎをしながら③のリングを作る。

5 ③をリバースし、4mmあけて表目を作る。

6 ①のピコットにピコットつなぎをしながら④のリングを作る。

7 ⑤、⑥のリングは②、③と同様に作り、④〜⑥を3回くり返す。

●円につなぐⅠ（つなぐピコットが左側にある場合）

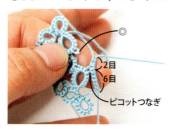

8 次のリング(図内★)は、両側のピコットにつなぎながら作る。④と同様に6目、ピコットつなぎ、2目を作ったら、①のピコット(◎)につなぐ。

9 ①のピコットにピコットつなぎができた。

10 続けて6目作る。

11 シャトルの糸を引いてリングにする。内側のリングが円につながった。

12 11で作ったリングをリバースし、⑤、⑥と同じリングを作る。

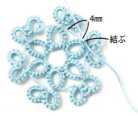

13 4mmあけて糸端を結び、糸の始末をする(42ページを参照)。この面がモチーフの裏側になる。

基本をアレンジした motif G-1～3 …p.10

材料
G-1 絹穴糸／ローズ…2.5m
　　　特小ビーズ／ライトブラウン…30個
G-2 絹穴糸／ライトピンク…2.5m
　　　スワロフスキークリスタル♯5328／ブラッシュローズ(3mm)…12個
G-3 絹穴糸／ピンクベージュ…2.5m
　　　竹ビーズ／二分竹(約6mm)・ゴールド…6個

用具
シャトル1個、ワイヤー針、10号レース針、はさみ、木工用ボンド、つまようじ、定規

作り方
写真を参照し、糸にビーズを通してシャトルに巻き込み、モチーフGと同じ目数で指定の位置にビーズを入れて作る。

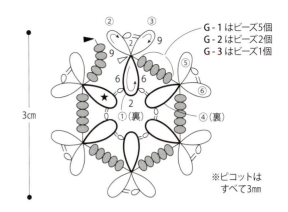

G-1 はビーズ5個
G-2 はビーズ2個
G-3 はビーズ1個

※ピコットはすべて3mm

●シャトルにビーズを巻き込む

G-1で解説しています（G-2はビーズ5個を2個に、G-3は1個にかえる）。

1 指定の数のビーズを通してシャトルに通し終わりの糸を結ぶ(48ページの「糸にビーズを通す」を参照)。

2 カラ巻きを15回(糸のみシャトルに10周巻くこと)する。ビーズを5個入れ、カラ巻きを8回する。

3 「ビーズ5個＋カラ巻き7回」を全部で6回くり返す。

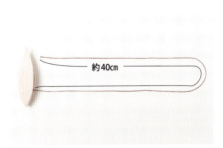

4 糸端を約40cm残してカットする。

●ビーズを入れてモチーフを作る

G-1で解説しています。

1 58ページのモチーフGを参照し、③まで作る。

2 ③をリバースし、ビーズ5個をきわに寄せて④のリングを作る。

3 モチーフGと同様に④～⑥のリングを作る。

4 2～3をくり返し、ビーズを入れながらリングを作り、最後にビーズ5個をリングに寄せる。

5 糸端を結び、糸の始末をする(42ページを参照)。この面がモチーフの裏側になる。

59

motif G のネックレス …p.22

サイズ　サイズ全長約47cm

材料
絹穴糸／ローズ、ボルドー、ブラウン…各5m
特小ビーズ／ライトブラウン…276個＋長さ約44cm分
つぶし玉／金古美(1.5mm)…2個
ナイロンコートワイヤー(0.36mm)…60cm

用具
シャトル1個、ワイヤー針、
10号レース針、はさみ、
木工用ボンド、
つまようじ、定規、
ヤットコ、ニッパー

❷ ワイヤーにつぶし玉とビーズ9個を通し、
モチーフを通して、もう一度つぶし玉に
通し、ヤットコでつぶす

モチーフ

ビーズ9個

ヤットコで
つぶし玉を
つぶす

あとで
余分をカット

❸のビーズ

ワイヤー

❶ G‑1と同様にローズ、
ボルドー、ブラウンの糸で
モチーフを各2枚作る

ボルドー

❻ ❷の要領でつぶし玉と
ビーズ32個を通し、
つぶし玉をつぶす

つぶし玉

モチーフ通し
(モチーフを折って通す)

15cm

❸ ワイヤーにビーズを
15cm分通す

15cm

3.5cm

3.5cm

3.5cm

3.5cm

❺ ❸、❹の要領でワイヤーにビーズを
通しながら、モチーフを通す

ローズ

ローズ

ブラウン

ブラウン

ボルドー

❹ ビーズ11個とモチーフを通し、
最初のビーズ2個にワイヤーを
通して、輪にする

3.5cm

2個

15cm

ワイヤー

9個

モチーフ

60

motif H の作り方 …p.5

最後のリングを作りながら、
円につなぐテクニックを覚えましょう。

糸 オリムパス タティングレース糸・中／
生成り(T202)…1.9m

用具 シャトル1個、10号レース針、はさみ、
木工用ボンド、つまようじ、定規

※わかりやすいように、糸をかえて解説しています。

実物大

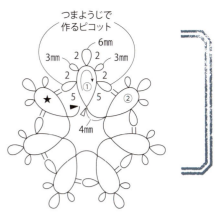

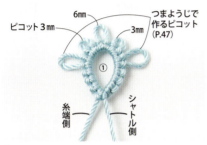

1 図を参照し、①のリングを作る(44ページのモチーフBの要領)。

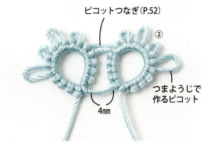

2 4mmあけて①のピコットにピコットつなぎをしながら②のリングを作る。

3 2を4回くり返す。

●円につなぐⅡ (つなぐピコットが右側にある場合)

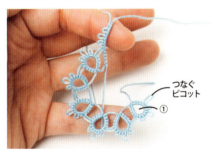

4 最後のリング(図内★)は、①のつまようじで作るピコットにつなぐ手前まで作る。

5 右手で途中のリングを持ち、左手の人さし指の近くまで持ち上げる。

6 次に②のリングを持ち、①のリングを人さし指にのせる。

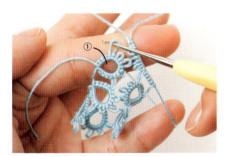

7 左側のつまようじで作るピコットにレース針を入れる。

8 52ページの「ピコットつなぎ」と同様に、左手にかけた糸の輪(図内★のリング用)を針にかけてシャトルが通る大きさに引き出す。

9 針をはずし、シャトルを通す。ピコットつなぎができ、①と円につながった。

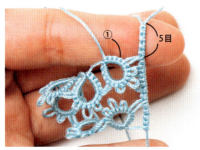

10 4の目とつながるように残り5目を作る。

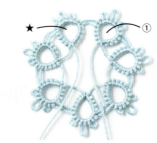

11 シャトルの糸を引いてリングにする。

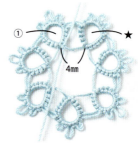

12 11を裏にして終わりの糸端を4mmあけて①の根元で結び、糸の始末をする(42ページを参照)。

基本をアレンジした motif H-1～3 …p.11

材料
H-1 オリムパス タティングレース糸・ラメ／イエローゴールド(T407)…1.8 m
H-2 絹穴糸／ライトアプリコット…2 m
　　スリーカットビーズ／オレンジゴールド…42個
H-3 絹穴糸／オレンジ…2 m
　　天然石／サンストーン・ラウンドカット(2mm)…7個
　　特小ビーズ／ゴールド…49個

用具
シャトル1個、ワイヤー針(H-2、3のみ)、10号レース針、はさみ、木工用ボンド、つまようじ、定規

作り方
モチーフHを参照し、同じ目数でH-2、3は指定の位置にビーズを入れて作る。

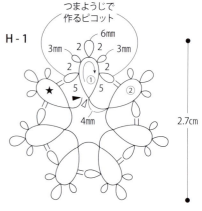

H-2、3

❶ 糸にビーズを通す
（48ページの「糸にビーズを通す」を参照）

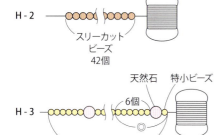

❷ 下記の順に糸を巻く
（59ページの「シャトルにビーズを巻き込む」を参照）

H-2
カラ巻き15回→(ビーズ6個+カラ巻き4回)×6回くり返す
→ビーズ3個+カラ巻き2回
→ビーズ3個を手前に出しておき、約40cm残して糸を切る

H-3
カラ巻き15回→(◎+カラ巻き4回)×6回くり返す
→ビーズ5個+カラ巻き2回
→ビーズ1個、天然石1個、ビーズ1個を手前に出しておき、約40cm残して糸を切る

❸ Hと同じ目数でビーズを入れながら作る
（ピコット部分は57ページの「ピコットに天然石を1個入れる」と同様にし、ほかは59ページの「ビーズを入れてモチーフを作る」のようにビーズを寄せる）

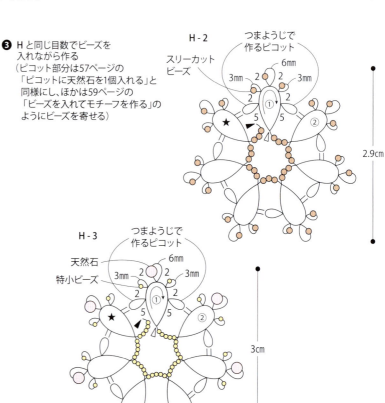

motif H のネックレス …p.30

サイズ 全長約47cm(内側。アジャスターを除く)

材料
絹穴糸／オレンジ…22m
天然石／サンストーン
　ラウンドカット(2mm)…25個
特小ビーズ／ゴールド…343個
スリーカットビーズ／
　長さ59cm分＋15個(アジャスター先端)
カニカン／銅古美…1個

用具
シャトル1個、ワイヤー針、10号レース針、はさみ、木工用ボンド、つまようじ、定規
のり仕上げに必要なもの(64ページを参照)

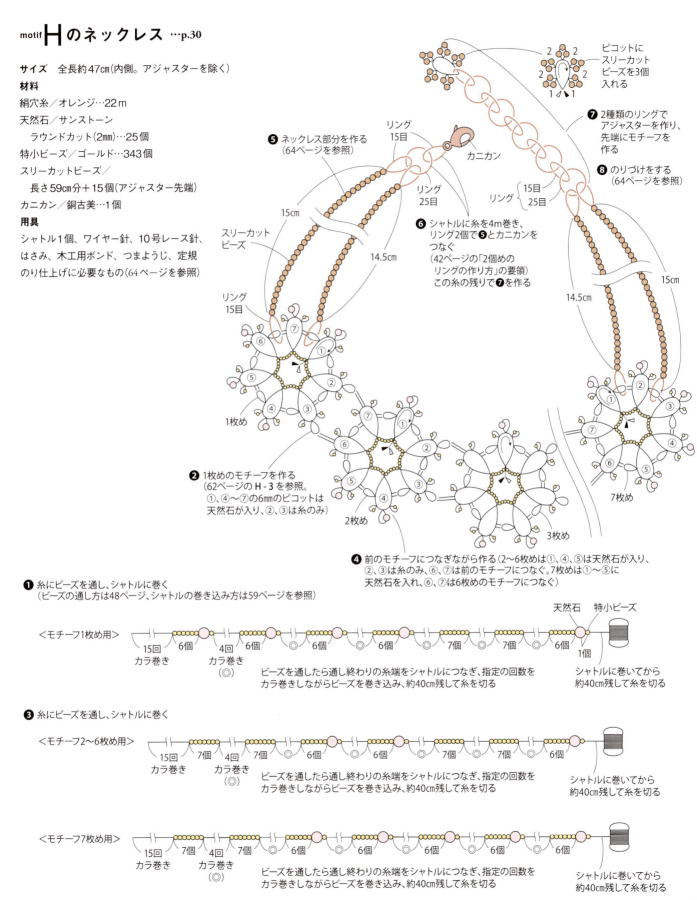

❺ネックレス部分（外側）の作り方

1 糸1mにスリーカットビーズ（以下、ビーズ）を15cmの長さ分通し、シャトルにつけて巻き込む。

2 63ページの図を参照し、糸端をモチーフの指定の位置に通す。

3 リングを作る。左手にかけた糸の輪にモチーフがある状態で15目作る。

● 糸端1本の糸の始末

4 シャトルの糸を引いてリングにし、きわに15cm分のビーズを寄せる。

5 ビーズの反対側に15目のリングを作る。内側は14.5cmの長さ分のビーズを通し、同様に作る。

6 糸端はそれぞれリングの根元でひと結びし、結び目にボンドをつけてさらにひと結びをする。ボンドが乾いたら余分をカットする。

● のり仕上げの方法

モチーフの形を崩したくないときに、のりづけをします。
首元に沿う長さのネックレスや使っていて形が崩れやすいモチーフは、のり仕上げをしましょう。

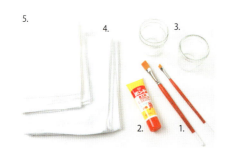

用意するもの
1.平筆の大（水用）・小（のり用）　2.木工用ボンド
3.コップなどの入れ物（水用・のり用）　4.タオル
5.手ぬぐい（柄入りも可）　このほかにティースプーン

1 タオルの上に手ぬぐいを置き、作ったアクセサリーを裏を上にして置く。

2 コップに水を入れ、平筆の大でモチーフに水をつける。全体につけたら、指でモチーフの形を整える。

3 もうひとつのコップに水とボンドを入れ、平筆の小で混ぜる。割合は水大さじ2（30mℓ）に対し、ボンドをティースプーン約1/5。

4 筆の角を使い、ビーズにつかないように注意しながら糸の部分に **3** をつける。

5 表にして形を整えて乾かす。乾くと元の糸の色になる。

motif I の作り方 …p.5

61ページのモチーフHと同様に、最後のリングを作りながら円につなぎます。

- 糸　オリムパス タティングレース糸・中／生成り（T202）…3m
- 用具　シャトル1個、10号レース針、はさみ、木工用ボンド、つまようじ、定規

※わかりやすいように、糸をかえて解説しています。

実物大

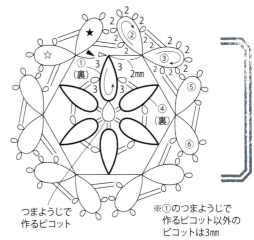

つまようじで作るピコット

※①のつまようじで作るピコット以外のピコットは3mm

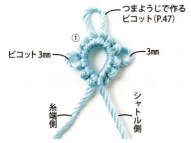

1 図を参照し、①のリングを作る（44ページのモチーフBの要領）。

2 2mmあけて②のリングを作る。①は④を作るときに表が見えるようにリバース（裏返す）する。

3 続けて②のピコットにピコットつなぎをしながら③のリングを作る（最初の表目は52ページの2と同様）。

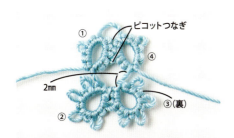

4 ③をリバースし、2mmあけて①のピコット2カ所にピコットつなぎをしながら④のリングを作る。

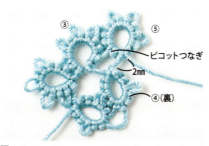

5 ④をリバースし、2mmあけて③のピコットにピコットつなぎをしながら⑤のリングを作る。

6 続けて⑥のリングは③と同様に作る。

7 ④～⑥のリングを3回くり返す。

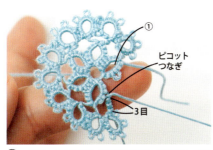

8 リバースしてリングで3目作り、左のリングのピコットにピコットつなぎをする。

9 図を参照し、指定の目数で①のピコット2カ所に「ピコットつなぎ」と「円につなぐI」をしながら作る。①と円につながった。

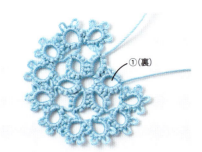

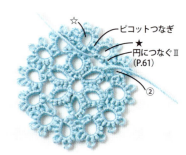

10 シャトルの糸を引いてリングにし、リバースする。

11 2mmあけて⑤と同じリングを作る(☆)。

12 外側の最後のリング(★)は、☆はピコットつなぎ、②は「円につなぐⅡ」でつなぐ。リングができたら2mmあけて糸端を結び、糸の末始末をする(42ページを参照)。

基本をアレンジした motif I -1〜5 …p.11

材料

I-1 DMC ディアマント／カッパー(D301)…2.3m
　　特小ビーズ／ライトゴールド…48個

I-2 DMC ディアマント／ゴールド(D3821)…2.3m
　　特小ビーズ／ゴールドブラウン…48個

I-3 絹穴糸／カーキ…2.8m
　　丸小ビーズ／ゴールドブラウン…48個

I-4 絹穴糸／ポピーレッド…2.8m
　　丸小ビーズ／ゴールドブラウン…48個

I-5 絹穴糸／ベージュ…2.8m
　　丸小ビーズ／プラチナ…48個

用具

シャトル1個、ワイヤー針、10号レース針、はさみ、木工用ボンド、つまようじ、定規

作り方

モチーフIを参照し、同じ目数で指定の位置にビーズを入れて作る。

❶ 糸にビーズを48個通す(48ページの「糸にビーズを通す」を参照)

❷ 下記の順に糸を巻く
(59ページの「シャトルにビーズを巻き込む」を参照)

カラ巻き10回→(ビーズ4個+カラ巻き4回)×12回くり返す
→約40cm残して糸を切る

❸ Iと同じ目数でビーズを入れながら作る
(ピコット部分は57ページの「ピコットに天然石を1個入れる」と同様にし、ほかは59ページの「ビーズを入れてモチーフを作る」のようにビーズを寄せる)

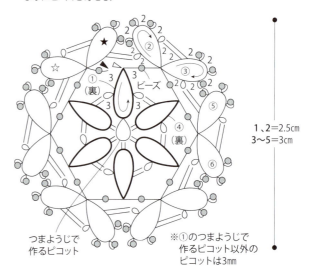

motif I のネックレス …p.24

サイズ 全長約54cm

材料

絹穴糸／カーキ…10m
DMC ディアマント／ゴールド(D3821)…2.3m
丸小ビーズ／ゴールドブラウン…110個
特小ビーズ／ゴールドブラウン…96個
パール／ソフトゴールド(8mm)…15個
　　　　ソフトゴールド(6mm)…32個
　　　　ソフトゴールド(4mm)…47個
リングパーツ／金古美(38mm)、(26mm)、(21mm)…各1個
マンテル／金古美(輪11×14mm、バー15mm)…1組

用具

シャトル1個、ワイヤー針、10号レース針、はさみ、木工用ボンド、つまようじ、定規、ミニクリップ、アイロン、アイロン台

図は次ページ

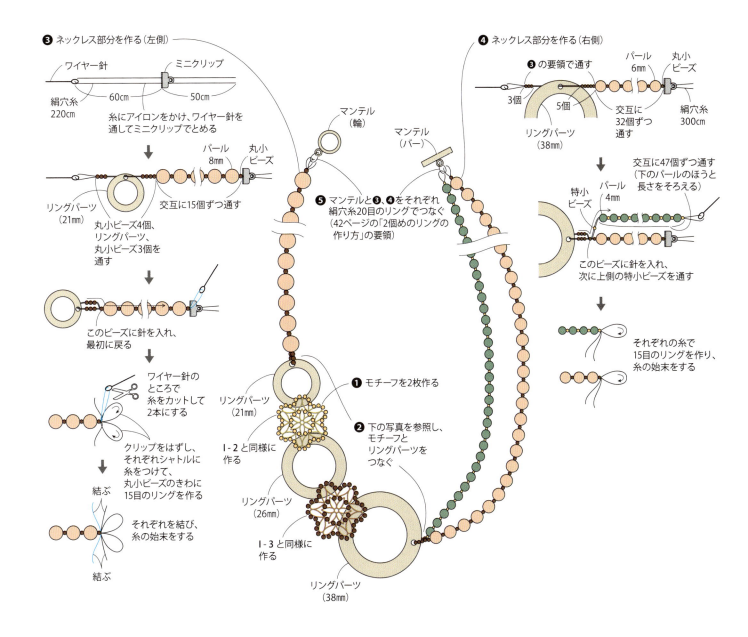

❷モチーフとリングパーツをつなぐ
わかりやすいように、糸をかえています（実際には同じ糸を使う）。

1 糸を約15cmの長さにカットし、モチーフの2mmあけた空間（三角形）と、外側と内側の間の空間にそれぞれ表から糸端を通す。

2 リングパーツの通し穴に、片方の糸端は手前から、もう片方は向こう側から通す。

3 糸をリングパーツに巻きつけるようにして、それぞれ通し穴にもう1回通して引き締める。

4 糸端を結び、糸の始末をする（42ページを参照）。

67

motif J の作り方 …p.5

61ページのモチーフHと同様に、最後のリングを作りながら円につなぎます。

糸 オリムパス タティングレース糸・中／生成り(T202)…3.5m
用具 シャトル1個、10号レース針、はさみ、木工用ボンド、つまようじ、定規

※わかりやすいように、糸をかえて解説しています。

実物大

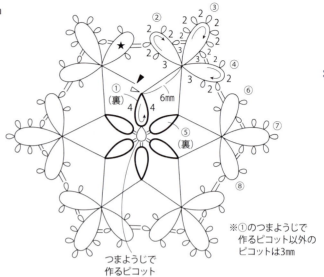

※①のつまようじで作るピコット以外のピコットは3mm

つまようじで作るピコット

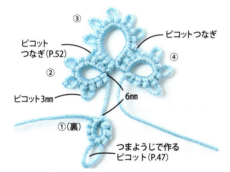

1 図を参照し、指定の目数で①のリングを作る。リバース(裏返す)し、6mmあけて②のリングを作り、続けて③と④のリングを作る(最初の表目は52ページの**2**と同様にし、ピコットつなぎをしながら作る)。

2 ④をリバースし、6mmあけて①のピコットにピコットつなぎをしながら⑤のリングを作る。

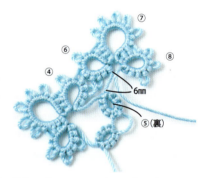

3 ⑤をリバースし、6mmあけて④のピコットにピコットつなぎをしながら⑥のリングを作る。続けて⑦と⑧のリングは、③と④のリングと同様に作る。

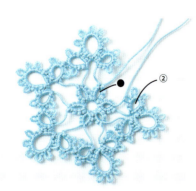

4 ⑤〜⑧のリングを3回くり返し、リバースして⑤と同じリングを作り(●)、内側を完成する。

5 リバースし、⑥、⑦と同じリングを作る。

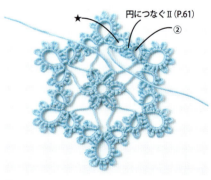

6 最後のリング(★)は②のピコットにつなぐとき、「円につなぐⅡ」をする。リングができたら6mmあけてモチーフの裏側で糸端を結び、糸の始末をする(42ページを参照)。

基本をアレンジした motif J-1〜4 …p.12

材料
- J-1 オリムパス タティングレース糸・細／ミントグリーン(T109)…2.8m
  - 特小ビーズ／シルバー…102個
- J-2 オリムパス タティングレース糸・中／ミントグリーン(T209)…3.5m
  - 特小ビーズ／シルバーピンク…102個
- J-3 絹穴糸／ピンクベージュ…3.5m
  - スリーカットビーズ／パープルグレー…102個
- J-4 絹穴糸／ライトブルー…3.5m
  - シャーロット特小ビーズ／プラチナ…102個

用具
シャトル1個、ワイヤー針、10号レース針、はさみ、木工用ボンド、つまようじ、定規

作り方
モチーフJを参照し、同じ目数で指定の位置にビーズを入れて作る。

❶ 糸にビーズを102個通す(48ページの「糸にビーズを通す」を参照)

❷ 下記の順に糸を巻く
(59ページの「シャトルにビーズを巻き込む」を参照)

カラ巻き20回→(ビーズ17個+カラ巻き J-1は8回／J-2〜4は10回)×5回くり返す

→ ビーズ17個+カラ巻き3回→約40cm残して糸を切る

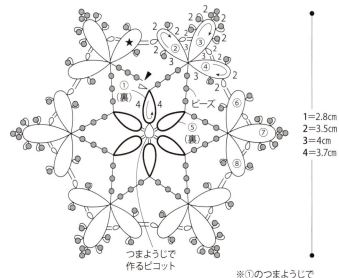

❸ Jと同じ目数でビーズを入れながら作る(ピコット部分は57ページの「ピコットに天然石を1個入れる」と同様にし、ほかは59ページの「ビーズを入れてモチーフを作る」のようにビーズを寄せる)

つまようじで作るピコット

1=2.8cm
2=3.5cm
3=4cm
4=3.7cm

※①のつまようじで作るピコット以外のピコットは3mm

motif J のピアス …p.18

サイズ 長さ約4.5cm(金具を除く)

材料
- オリムパス タティングレース糸・細／ミントグリーン(T109)…5.6m
- 特小ビーズ／シルバー…204個
- チェーン／シルバー(1輪が1×1mm)…長さ1cm×2本
- 丸カン／ロジウム(0.6×3mm)…4個
- ピアス金具／ロジウム…1組

用具
シャトル1個、ワイヤー針、10号レース針、はさみ、木工用ボンド、つまようじ、定規、ニッパー、ヤットコ、丸ペンチ

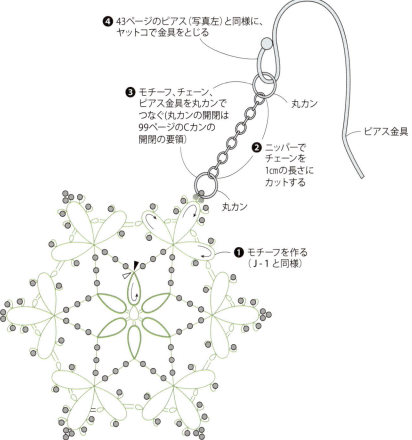

❹ 43ページのピアス(写真左)と同様に、ヤットコで金具をとじる

❸ モチーフ、チェーン、ピアス金具を丸カンでつなぐ(丸カンの開閉は99ページのCカンの開閉の要領)

丸カン
ピアス金具

❷ ニッパーでチェーンを1cmの長さにカットする

丸カン

❶ モチーフを作る(J-1と同様)

motif K の作り方 …p.5

糸が動かないように固定する「シャトルつなぎ」を使ったモチーフです。

糸 オリムパス タティングレース糸・中／生成り(T202)…1.8m
用具 シャトル1個、10号レース針、はさみ、木工用ボンド、つまようじ、定規
※わかりやすいように、糸をかえて解説しています。

実物大

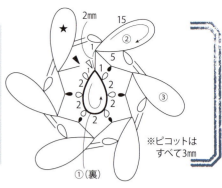
※ピコットはすべて3mm

● シャトルつなぎ

1 図を参照し、①のリングを作る(44ページのモチーフBの要領)。

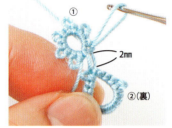

2 ①をリバース(裏返す)し、2mmあけて②のリングを作る。

3 ②をリバースし、2mmあけて①のピコットにレース針を入れ、糸をかけて引き出す。

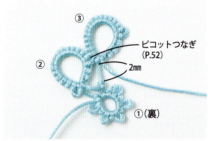

4 レース針をはずしてシャトルを通し、糸を引く。シャトルつなぎができた(糸は固定され、引いても動かない)。

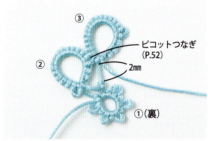

5 ②をリバースして表に返し、2mmあけて②のピコットにピコットつなぎをしながら③のリングを作る。

6 3〜5を3回くり返す。

7 最後のリング(図内★)は③と同じリングで作り始め、②のピコットにつなぐ手前(15目)まで作る。

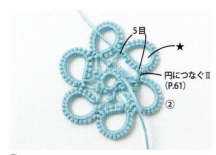

8 ②に「円につなぐⅡ」でつなぎ、5目作ってシャトルの糸を引き、リングにする。

9 糸端を約5cm残してカットし、①でどこにもつないでいないピコットに向こうからレース針を入れ、糸をかけて引き抜く。

10 モチーフの向きをかえ、2mmあけて糸端を結び、糸の始末をする(42ページを参照)。この面がモチーフの裏側になる。

基本をアレンジした motif K-1~2 …p.12

材料
K-1 オリムパス タティングレース糸・ラメ／ラベンダー（T402）…1.7m
K-2 絹穴糸／ラベンダー…1.9m
　　特小ビーズ／マットアイボリー…36個

用具
シャトル1個、ワイヤー針（K-2のみ）、10号レース針、はさみ、木工用ボンド、
つまようじ、定規

作り方
モチーフKを参照し、同じ目数でK-2は指定の位置にビーズを入れて作る。

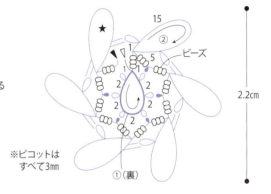

K-2

❶ 糸にビーズを36個通す
　（48ページの「糸にビーズを通す」を参照）

❷ 下記の順に糸を巻く
　（59ページの「シャトルにビーズを巻き込む」を参照）

　カラ巻き10回→ビーズ3個+カラ巻き4回
　→（ビーズ6個+カラ巻き4回）×5回くり返す
　→ビーズ3個+カラ巻き4回→ 約40cm残して糸を切る

❸ Kと同じ目数でビーズを入れながら作る
　（59ページの「ビーズを入れてモチーフを作る」のように、
　リングやシャトルつなぎのきわにビーズを寄せて作る）

motif K のブレスレット …p.30

サイズ　全長約20cm

材料
絹穴糸／ピンク…9.1m（モチーフ4枚＝7.6m、金具をつなぐ部分＝1.5m）
　　　　ラベンダー…5.7m
特小ビーズ／マットアイボリー…252個
マンテル／ロジウム（輪11×14mm、バー 15mm）…1組

用具
シャトル1個、ワイヤー針、10号レース針、はさみ、木工用ボンド、つまようじ、定規

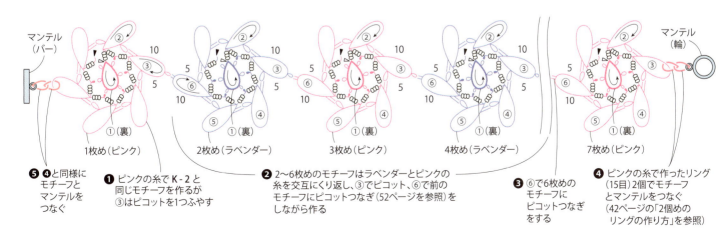

❺ ❹と同様にモチーフとマンテルをつなぐ

❶ ピンクの糸でK-2と同じモチーフを作るが③はピコットを1つふやす

❷ 2～6枚めのモチーフはラベンダーとピンクの糸を交互にくり返し、③でピコット、⑥で前のモチーフにピコットつなぎ（52ページを参照）をしながら作る

❸ ⑥で6枚めのモチーフにピコットつなぎをする

❹ ピンクの糸で作ったリング（15目）2個でモチーフとマンテルをつなぐ（42ページの「2個めのリングの作り方」を参照）

motif L の作り方 …p.6

糸を切らずにシャトルと糸玉で作る「チェーン」を覚えましょう。

糸 オリムパス タティングレース糸・中／生成り(T202)…1.7m
用具 シャトル1個、10号レース針、はさみ、木工用ボンド、つまようじ、定規
※わかりやすいように、糸をかえて解説しています。

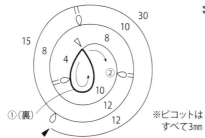

※ピコットはすべて3mm

1 シャトルに糸を20cm巻き、糸は切らずにそのままにする。

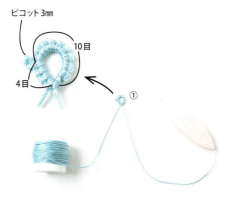

● チェーンを作る

2 図を参照し、シャトルから約40cmのところから①のリングを作る(44ページのモチーフBの要領)。

3 ①をリバース(裏返す)し、②のチェーンを作る。糸玉の糸を左手の中指と薬指にかけて小指に2～3回巻きつける。

4 右手にシャトルを持つ。これがチェーンを作るときのシャトルと糸の持ち方。

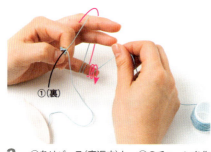

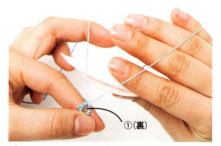

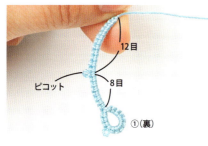

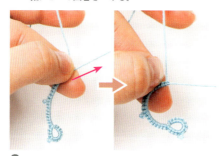

5 糸玉の糸とシャトルで8目、ピコット、12目を作る。

6 シャトルの糸を引き、5で作ったものをカーブさせる。

7 5の最後の目と①のピコットが並ぶようにして一緒に持つ。

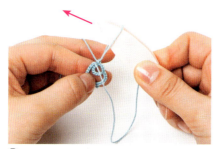

8 レース針をピコットに入れ、糸玉の糸をかけて引き出す。

9 レース針をはずし、シャトルを通す。

10 糸玉の糸を引く。ピコットつなぎができた。

72

11 続けて8目、ピコット、10目を作り、6〜10と同様にピコットつなぎをする(写真左)。さらに12目、ピコット、15目を作り、ピコットつなぎをする(写真右)。

12 30目を作ったら、シャトルの糸を約5cm残してカットする。

13 最後はピコットつなぎはせず、レース針でカットした糸端をピコットから引き出し、糸の始末をする(42ページを参照)。

基本をアレンジした motif L-1〜4 …p.12

材料
L-1 絹穴糸／コバルトブルー…1.6m
L-2 絹穴糸／ラベンダーブルー…1.4m
L-3 オリムパス タティングレース糸・ラメ／ブルー(T404)…1.7m
L-4 オリムパス タティングレース糸・太／ミントグリーン(T309)…1.8m
用具
シャトル1個、10号レース針、はさみ、木工用ボンド、つまようじ、定規
作り方
L-1〜4は、シャトルに糸を20cm巻く。モチーフLを参照し、L-1、3は同じ目数で糸をかえて作る。
L-2、4はLの最後の30目の手前で終える。

motif L のピアス…p.18

サイズ 長さ約4cm(金具を除く)
材料
絹穴糸／スカイブルー…2.8m
天然石／アクアマリン・サザレ(約8×3mm)…6個
アーティスティックワイヤー#26／ノンターニッシュシルバー…6cm×6本
ピアス金具／ロジウム…1組
用具
シャトル1個、10号レース針、はさみ、木工用ボンド、つまようじ、定規、ニッパー、ヤットコ、丸ペンチ

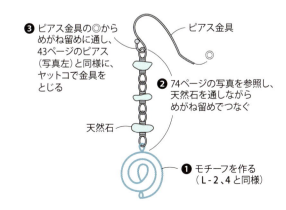

motif L のピアス…p.22

サイズ 長さ約3cm(金具を除く)
材料
絹穴糸／スカイブルー…2.8m
　　　　コバルトブルー…3.2m
ピアス金具／ロジウム…1組
用具
シャトル1個、10号レース針、はさみ、木工用ボンド、つまようじ、定規、ヤットコ

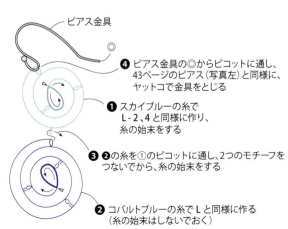

● めがね留めの作り方

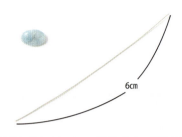

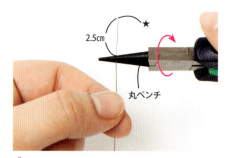

用意するものは、ワイヤー、天然石と右の写真の道具。ワイヤーはニッパーで長さ6cmにカットする(一部、石の大きさによって、カットする長さがかわるので注意)。

道具は写真左から丸ペンチ、ヤットコ(両平タイプ)、ニッパー。これを使ってめがね留めを作る。

1 丸ペンチでワイヤーの端から2.5cmのところをはさみ、丸ペンチをくるっと回す。

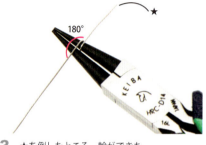

2 ★(2.5cm部分の端)を指で矢印のように倒して輪を作る。

3 ★を倒したところ。輪ができた。

4 丸ペンチを抜き、ワイヤーの交差部分が見えるようにして輪をヤットコではさみ、ワイヤーを一直線にする。

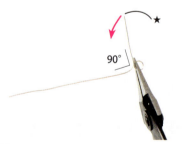

5 長いほうのワイヤーを、指で直角に曲げ、★のほうのワイヤーを、指で手前から向こうに回す。

6 回したところ。

7 丸ペンチで★をはさみ、輪の根元で手前から向こうに2周巻きつける。

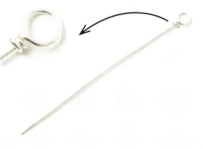
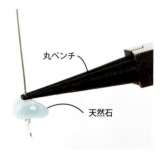

8 2周巻いたところ(すき間があかないように注意)。

9 ニッパーで余分なワイヤーをカットする。片側ができた。

10 ワイヤーに天然石を1個通し、天然石のきわでワイヤーを丸ペンチの先端ではさむ。

11 指でワイヤーを直角に曲げる。

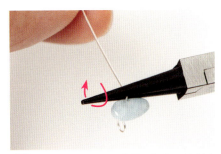

12 ワイヤーを1と同じ位置で丸ペンチをはさみ直し、指でワイヤーを矢印のように丸ペンチに巻くようにして輪を作る。

13 輪ができた。

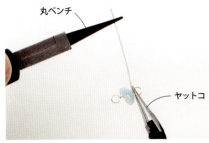

14 丸ペンチを抜き、4と同じ位置をヤットコではさみ、丸ペンチでワイヤーの端をはさむ。

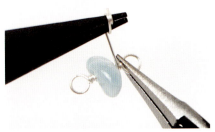

15 7〜8と同様に、輪の根元に2周巻きつける。

16 ニッパーで余分なワイヤーをカットする。めがね留めができた。

●めがね留めを連続に作る　p.18 Lのピアスで解説しています。

1 74ページと同様に、めがね留めを1個作る。2個めはワイヤーで輪を作ったら、1個めの輪の部分を通す。

2 74ページの4〜9と同様に丸ペンチとヤットコで輪の根元にワイヤーを巻きつけ、ニッパーで余分をカットする。

3 74、75ページの10〜16と同様に、天然石を通してもう片方もめがね留めをする。

4 3個めは2個めと同様にし、天然石を通して輪を作ったら、モチーフのピコットを輪に通す。

5 丸の根元でワイヤーを巻きつけ、ニッパーで余分をカットする。

motif M の作り方 …p.6

「シャトルつなぎ」でモチーフの形をしっかりキープします。

糸 オリムパス タティングレース糸・中／生成り(T202)…1.5m
用具 シャトル1個、10号レース針、はさみ、木工用ボンド、つまようじ、定規
※わかりやすいように、糸をかえて解説しています。

実物大

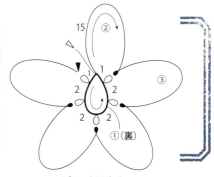
※ピコットはすべて3mm

1 シャトルに糸を15cm巻き、糸は切らずにシャトルから約40cmのところで①のリングを作る（44ページのモチーフBの要領）。

ピコット3mm

①のリングの拡大写真。

②15目　①(裏)

2 ①をリバース(裏返す)し、②をチェーンで15目作り、シャトルの糸を引いてカーブさせる（72ページの「チェーンを作る」を参照）。

●シャトルつなぎ

シャトルの糸　①(裏)

3 ①のピコットにレース針を入れ、シャトルの糸をかけて引き出す。

4 シャトルが通るぐらい、糸を引き出す。

5 針をはずし、シャトルを通す。

シャトルつなぎ　②

6 シャトルを引いて輪を縮める。縮めたあとは、シャトルを引いても糸は動かない。シャトルつなぎができた。

7 ②とシャトルつなぎを3回くり返し、さらに②を作る(シャトルつなぎはしない)。

8 シャトルの糸端を約5cm残してカットし、レース針で①のピコットに糸端を通し(70ページの9と同様)、糸の始末をする(42ページを参照)。

motif M のネックレス …p.20

サイズ 約90cmの輪

材料
絹穴糸／アイボリー…4m
　　　　ピーチピンク、ライトオレンジ…各2.7m
淡水パール・クレオ型／ホワイト(8×10mm)…5個
淡水パール・ポテト型／オレンジベージュ(5×5mm)…9個
チェーン(1輪が3×1.5mm)／ゴールド…3cm×9本、4cm×9本
Cカン／ゴールド(0.7×3.5×4.5mm)…14個
アーティスティックワイヤー#26／
　　ゴールド…7cm×5本(クレオ型用)、6cm×9本(ポテト型用)

用具
シャトル1個、10号レース針、はさみ、木工用ボンド、
つまようじ、定規、ニッパー、ヤットコ、丸ペンチ

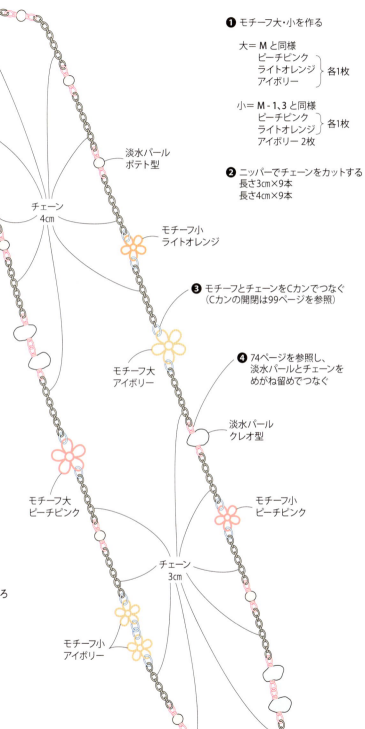

❶ モチーフ大・小を作る
　大＝ Mと同様
　　ピーチピンク
　　ライトオレンジ　各1枚
　　アイボリー
　小＝ M-1、3と同様
　　ピーチピンク
　　ライトオレンジ　各1枚
　　アイボリー 2枚

❷ ニッパーでチェーンをカットする
　長さ3cm×9本
　長さ4cm×9本

❸ モチーフとチェーンをCカンでつなぐ
　(Cカンの開閉は99ページを参照)

❹ 74ページを参照し、
　淡水パールとチェーンを
　めがね留めでつなぐ

基本をアレンジした motif M-1〜4 …p.13

材料
M-1 絹穴糸／アイボリー…1.2m
M-2 絹穴糸／ピーチピンク…1.5m
M-3 オリムパス エミーグランデ・ハーブス／ピンク(141)…1.4m
M-4 オリムパス エミーグランデ・ハーブス／オレンジ(171)…1.6m

用具
シャトル1個、10号レース針、はさみ、木工用ボンド、つまようじ、定規

作り方
モチーフMを参照し、シャトルに糸を15cm巻き、シャトルから40cmのところ
で作り始める。**M-1、3**は目数をかえ、**M-2、4**は同じ目数で同様に作る。

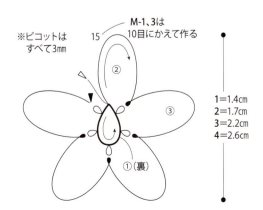

motif N の作り方 …p.6

ブレードのように作ったものを結んで輪にし、少し立体的な形にでき上がります。

糸 オリムパス タティングレース糸・中／生成り(T202)…2.5m
用具 シャトル1個、10号レース針、はさみ、木工用ボンド、つまようじ、定規

※わかりやすいように、糸をかえて解説しています。

実物大

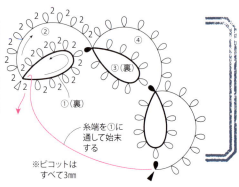
※ピコットはすべて3mm
糸端を①に通して始末する

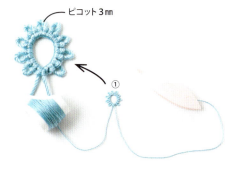

1 シャトルに糸を1m巻き、糸は切らずにシャトルから約40cmのところで①のリングを作る(44ページのモチーフBの要領)。

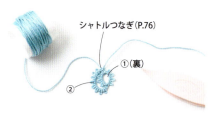

2 ①をリバース(裏返す)して②をチェーンで作り、①のピコットにシャトルつなぎをする(72ページの「チェーンを作る」を参照)。

3 2の拡大写真。②のチェーンは①のリングに沿うように、シャトルの糸を引いてカーブさせてからシャトルつなぎをする。

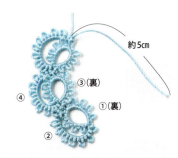

3 ②をリバースして③(目数は①と同じ)、③をリバースして④(目数は②と同じ)を作り、さらにもう1回くり返す。シャトルの糸端を約5cm残してカットする。

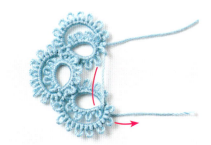

4 図を参照し、①のリングに糸端を通す。

5 糸端を引いて最初と最後のパーツを突き合わせにし、糸の始末をする(42ページを参照)。

基本をアレンジした motif N-1～3 …p.13

材料
N-1 絹穴糸／ライムグリーン…2m
N-2 絹穴糸／ライトベージュ…3.7m
　　 特小ビーズ／ゴールド…48個
　　 カットビーズ／グリーン(2×3mm)…24個
　　 丸小ビーズ／ピンク…24個
　　 メタルビーズ／ゴールド(2×2mm)…6個
N-3 オリムパス タティングレース糸・ラメ／カッパー(T408)…3m

用具 シャトル1個、ワイヤー針(N-2のみ)、10号レース針、はさみ、木工用ボンド、つまようじ、定規

作り方
モチーフNを参照し、同じ目数でN-1はシャトルに糸を約70cm巻いて同様に、N-2(79ページ)はビーズを入れてNの③、④を4回くり返す。N-3はシャトルに糸を約1.2m巻いてNの③、④を4回くり返す。

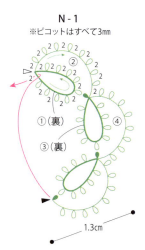
N-1 ※ピコットはすべて3mm
1.3cm

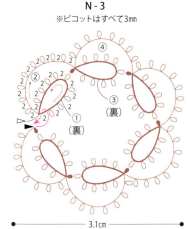
N-3 ※ピコットはすべて3mm
3.1cm

N-2

❶ 下記の順に糸にビーズを通す（48ページの「糸にビーズを通す」を参照）

特小ビーズ（○）48個
↓
[丸小ビーズ（●）4個＋メタルビーズ（□）1個＋カットビーズ（●）4個]
↓
[　]を合計6回くり返す

❷ 下記の順に糸を巻く
（59ページの「シャトルにビーズを巻き込む」を参照）

カラ巻き15回→（❶の[　]＋カラ巻き6回）×5回くり返す
→シャトルから約40cmのところで[　]のビーズを持って①を作る

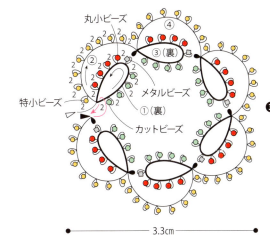

❸ Nと同じ目数でビーズを入れながら作る
（57ページの「ピコットに天然石を1個入れる」と同様）

motif N のブローチ…p.19

サイズ　ブローチ金具を参照

材料

絹穴糸／ライトベージュ…3.7m
特小ビーズ／ゴールド…48個
カットビーズ／グリーン（2×3mm）…24個
丸小ビーズ／ピンク…24個
メタルビーズ／ゴールド（2×2mm）…6個
テグス1号／透明…80cm
ブローチ金具・楕円透かし／
　ゴールド（26×34mm）…1個

用具

シャトル1個、ワイヤー針、
10号レース針、はさみ、木工用ボンド、
つまようじ、定規

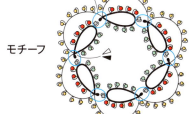

モチーフをブローチ金具につける
わかりやすいように、カラーテグスで解説しています。

1 モチーフ、ブローチ金具、ワイヤー針、テグス（80cm）を用意する。

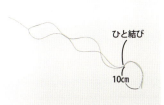

2 テグスをワイヤー針に通し、両端を合わせて2本どりの状態にし、端から10cmのところをひと結びする。

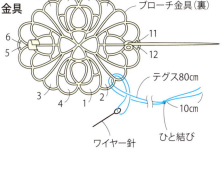

3 金具の図を参照し、金具の裏で指定の位置にテグスを通し、金具の1から表にテグスを出す。続けてモチーフの図を参照し、指定の位置の裏から表にテグスを出す。

4 モチーフの外側から金具の2にテグスを通し、糸端10cmの糸と1回結び、さらに2回からげて結ぶ（★51ページの**10**参照）。次に金具の3とモチーフにテグスを通す。

5 **4**を表から見たところ。実際には透明のテグスを使うので、目立たない。

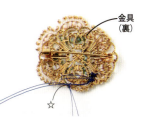

6 モチーフの外側から金具の**4**の位置にテグスを通し、糸端10cmの糸を裏で渡して1回結び、さらに2回からげて結ぶ（☆）。金具の5以降も同様にしてつけ、余分はカットする。

motif ○ の作り方 …p.6

リング→リバース(裏返す)→チェーン→
リバースと毎回リバースして作ります。

糸 オリムパス タティングレース糸・中/
生成り(T202)…2.4m
用具 シャトル1個、10号レース針、はさみ、
木工用ボンド、つまようじ、定規

※わかりやすいように、糸をかえて解説しています。

実物大

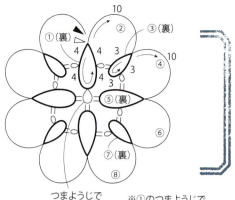

つまようじで作るピコット

※①のつまようじで作るピコット以外のピコットは3mm

1 シャトルに糸を1m巻き、糸は切らずにシャトルから約40cmのところで①のリングを作る(44ページのモチーフBの要領)。

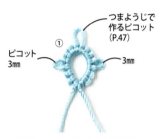

2 ①のリングの拡大写真。中央のピコットは「つまようじで作るピコット」で作る。

2 ①をリバース(裏返す)して②をチェーンで作り、シャトルの糸を引いてカーブさせる(72ページの「チェーンを作る」を参照)。

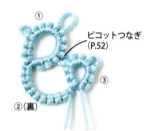

3 ②をリバースし、糸玉の糸はそのままにして、①のピコットにピコットつなぎしながら③のリングを作る。

4 ③をリバースし、④のチェーンを作る。

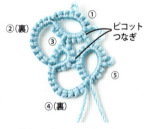

5 ④をリバースし、③と①のピコットにピコットつなぎをしながら⑤のリングを作る。

6 ②~⑤を2回くり返し、次のチェーンまで作る。

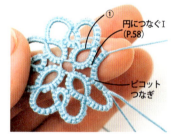

7 チェーンをリバースし、最後のリングを作りながら「ピコットつなぎ」と「円につなぐⅠ」で手前と①のリングにつなげる。

8 シャトルの糸を引き、小さいリングを完成させる。内側が円につながった(●)。

9 リバースし、チェーンを作る。

10 シャトルの糸端を約5cm残してカットし、リングとチェーンの間に手前からレース針を入れ、糸をかけて引き出す。

11 糸を引き、糸の始末をする(42ページを参照)。この面がモチーフの裏側になる。

motif ◯のネックレス…p.21

サイズ 約90cmの輪

材料
絹穴糸／ビスケット、モカ、スモークブルー…各4.8m
天然石／カイヤナイト・コイン型(8×8×3mm)…13個
天然石／スモーキークオーツ・多面カット(6×6mm)…8個
チェーン(1輪が3×3mm)／ゴールド…4cm×5本、3cm×4本、2cm×4本、1cm×2本
Cカン／ゴールド(0.7×3.5×4.5mm)…12個
アーティスティックワイヤー♯26／ゴールド…6cm×21本

用具
シャトル1個、10号レース針、はさみ、木工用ボンド、つまようじ、定規、
ニッパー、ヤットコ、丸ペンチ

基本をアレンジした motif ◯-1〜3 …p.13

材料
O-1 絹穴糸／スモークブルー…2.4m
O-2 DMC ディアマント／ホワイトシルバー(D168)…2.2m
O-3 絹穴糸／ペールブルー…2.4m
　　　天然石／アパタイト・ラウンドカット(2mm)…12個

用具
シャトル1個、ワイヤー針(**O-3**のみ)、
10号レース針、はさみ、木工用ボンド、
つまようじ、定規

作り方
O-1はシャトルに1.2m、**O-2**は1m、**O-3**は図を
参照して糸を巻く。モチーフ**O**を参照し、
同じ目数で同様に作り、**O-3**は天然石を入れる。

O-1、2
※①のつまようじで
作るピコット以外の
ピコットは3mm

1=2.3cm
2=2.1cm

つまようじで作るピコット

O-3

❶ 糸に天然石を12個通す
(48ページの「糸にビーズを通す」を参照)

❷ ❶をシャトルにつなぎ、糸を巻く

シャトルに
1.2m巻く

天然石4個

40cm
天然石は①の
ピコットに
入れる

ここからスタート

8個はそれぞれ
チェーンを作る前に
リングに1個寄せてから
チェーンを作る

※天然石を入れない
ピコットは3mm

天然石を1個
寄せてチェーン

チェーンを作ると
天然石はリングの
真上になる

2.5cm

❸ **O**と同じ目数で天然石を入れながら作る
(①のピコットに入れる天然石は
48、49ページの **C-5、6**の要領で作る)

❶ モチーフを作る
(作り方は **O** と同じ。
サイズは **O-1** を参照)

ビスケット
モカ
スモークブルー
} 各2枚

❷ ニッパーでチェーンを
カットする
長さ4cm×5本
長さ3cm×4本
長さ2cm×4本
長さ1cm×2本

❹ Cカンでモチーフと
チェーンをつなぐ
(Cカンの開閉は
99ページを参照)

❸ 74ページを参照し、
めがね留めで
天然石と
チェーンを
つなぐ

チェーン
4cm

チェーン
3cm

チェーン
2cm

チェーン
1cm

チェーン
3cm

チェーン
2cm

チェーン
1cm

チェーン
3cm

スモーク
ブルー

モカ

ビスケット

ビスケット

モカ

スモーク
ブルー

天然石
スモーキー
クオーツ

天然石
カイヤナイト

motif P の作り方 …p.6

80ページのモチーフOの要領で、五角形のモチーフを作ります。

糸 オリムパス タティングレース糸・中／生成り(T202)…3.6m
用具 シャトル1個、10号レース針、はさみ、木工用ボンド、つまようじ、定規
※わかりやすいように、糸をかえて解説しています。

実物大

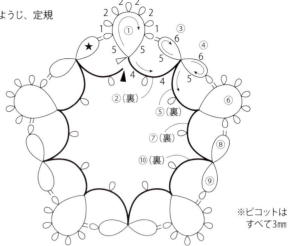

※ピコットはすべて3mm

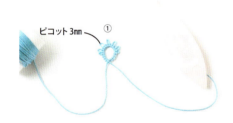

1 シャトルに糸を2.2m巻き、糸は切らずにシャトルから約40cmのところで①のリングを作る（44ページのモチーフBの要領）。

2 ①をリバース（裏返す）して②をチェーンで作り、シャトルの糸を引き、少しカーブさせる（72ページの「チェーンを作る」を参照）。

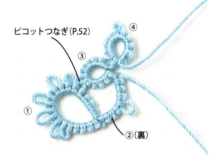

3 ②をリバースし、①のピコットにピコットつなぎをしながら③のリングを作り、続けて④のリングを作る（④の最初の表目は52ページの2と同様）。

4 ④をリバースし、⑤のチェーンを作る。

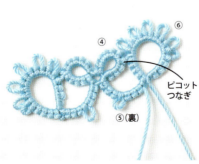

5 ⑤をリバースし、④のピコットにピコットつなぎをしながら⑥のリングを作る。

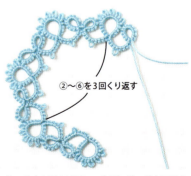

6 ②～⑥を3回くり返し、さらに②、③と同じものを作る。

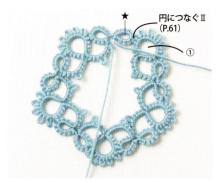
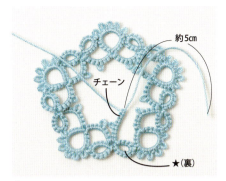

7 最後のリング（★）は①のピコットに「円につなぐⅡ」でつなぎながら作る。

8 ★をリバースして最後のチェーンを作り、シャトルの糸端を約5cm残してカットする。

9 リングとチェーンの間に手前からレース針を入れ（◎。80ページの**10**と同様）、糸をかけて引き出し、糸の始末をする（42ページを参照）。この面がモチーフの裏側になる。

基本をアレンジした motif P-1〜3 …p.14

材料
- **P-1** オリムパス タティングレース糸・ラメ／ブルー（T404）…3.4m
- **P-2** 絹穴糸／ペールブルー…3.8m
  スリーカットビーズ／ブルー×ベージュ…35個
  メタルビーズ／シルバー（3×2mm）…5個
- **P-3** 絹穴糸／ペールブルー…3.8m
  スリーカットビーズ／ブルー×ベージュ…20個
  天然石／アパタイト・ラウンドカット（2mm）…15個
  メタルビーズ／シルバー（3×2mm）…5個

用具
シャトル1個、ワイヤー針（**P-2、3**のみ）、10号レース針、はさみ、木工用ボンド、つまようじ、定規

作り方
P-1はシャトルに1.9m、**P-2、3**は図を参照して糸にビーズを通してから巻く。
モチーフ**P**を参照し、同じ目数で同様に作り、**P-2、3**はビーズや天然石を入れる。

P-2、3

❶ 糸にビーズを通す（48ページの「糸にビーズを通す」を参照）

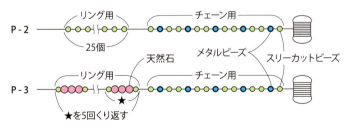

❷ 下記の順に糸を巻く
（59ページの「シャトルにビーズを巻き込む」を参照）

P-2
カラ巻き20回→（5個＋カラ巻き10回）×4回くり返す
→シャトルから約40cmのところでビーズ5個を持って①を作る

P-3
カラ巻き20回→（●●●＋カラ巻き10回）×4回くり返す
→シャトルから約40cmのところで★5個を持って①を作る

❸ **P**と同様にシャトルから約40cmの位置で①のリングを作り始め、ビーズを入れて作る（ピコット部分は57ページの「ピコットに天然石を1個入れる」と同様。チェーンのメタルビーズは81ページの**0-3**の要領で入れる）

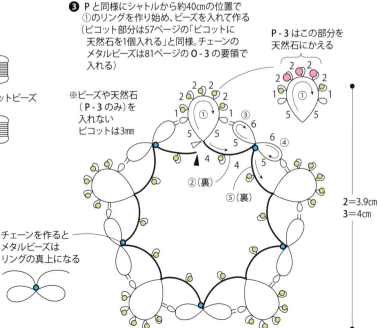

motif Pのネックレス…p.31

サイズ 全長約49cm

材料
絹穴糸／ペールブルー…20m
スリーカットビーズ／ブルー×ベージュ…143個
天然石／アパタイト・ラウンドカット(2mm)…33個
メタルビーズ／シルバー(3×2mm)…24個
カニカン／ロジウム(12×6mm)…1個

用具
シャトル1個、ワイヤー針、10号レース針、はさみ、木工用ボンド、つまようじ、定規

※この作品はシャトルに糸とビーズを一度に巻ききれないので2回に分けて作ります

❶ 糸3.3mをカットし、よけておく(❹で使用)

❷ 48ページを参照し、糸にビーズを通す(1回め)

❸ 下記の順に糸を巻く
(59ページの「シャトルにビーズを巻き込む」を参照)

カラ巻き20回→(○○○○○+カラ巻き7回)×9回くり返す
→(○○○○○+カラ巻き7回)×6回くり返す
→チェーン用はそのままにし、シャトルから約40cmのところで①を作る

❹ ❸のシャトルで図の①から本体を作り始め、シャトルに巻いたビーズがなくなったら、シャトルの糸を約7cm残して切る

❺ ❶でよけておいた糸にビーズを通す(2回め)

❻ ❸と同様にシャトルに巻き、❹の続きから作る

カラ巻き20回→(○○○○○+カラ巻き7回)×6回くり返す
→○○○○○+カラ巻き7回→○○○○○を残し、シャトルから
約40cmで糸を切り、○○○○○を手に巻いて続きを作る

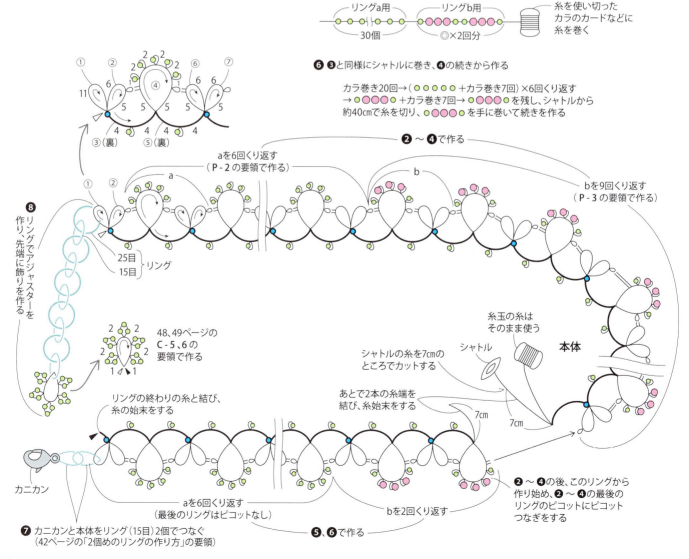

motif Q の作り方 …p.6

3つのリングとチェーンをくり返して作ります。

糸 オリムパス タティングレース糸・中／生成り(T202)…2.4m
用具 シャトル1個、10号レース針、はさみ、木工用ボンド、つまようじ、定規

※わかりやすいように、糸をかえて解説しています。

実物大

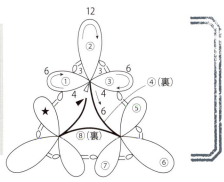
※ピコットはすべて3mm

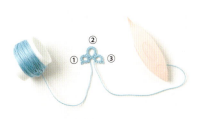

1 シャトルに糸を1.3m巻き、糸は切らずにシャトルから約40cmのところで①～③のリングを作る(52ページのモチーフDの要領)。

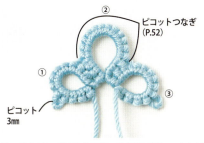

①～③のリングの拡大写真。②は①のピコットにピコットつなぎをしながら作る(最初の表目は52ページの**2**と同様)。続けて③を作る。

2 ①～③をリバース(裏返す)し、④のチェーンを作る(72ページの「チェーンを作る」を参照)。

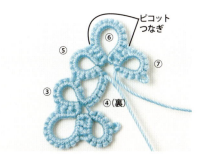

3 ④をリバースし、③のピコットにピコットつなぎをしながら⑤のリングを作り、続けて⑥、⑦のリングは②、③と同様に作る。

4 ④～⑥と同じものを、もう1回くり返す。

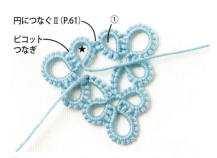

5 最後のリング(★)は③のリングと同様に作り始め、①のリングのピコットに、「円につなぐⅡ」でつなぐ。

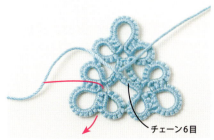

6 チェーンを6目作り、シャトルの糸端を約5cm残してカットし、リングとチェーンの間にレース針で矢印のように糸を通す。

7 もう片方の糸をモチーフの中心から裏側に通し、糸端を結び、糸の始末をする(42ページを参照)。結んだ面が、モチーフの裏側になる。

基本をアレンジした motif Q-1〜3 …p.14

材料
Q-1 オリムパス タティングレース糸・細／ライラック(T108)…2m
Q-2 オリムパス タティングレース糸・ラメ／ピンク(T403)…2.2m
Q-3 絹穴糸／アイボリー…2.3m
　　　天然石／ムーンストーン・ラウンドカット(2mm)…12個

用具
シャトル1個、ワイヤー針(**Q-3**のみ)、10号レース針、はさみ、
木工用ボンド、つまようじ、定規

作り方
Q-1はシャトルに1.1m、**Q-2**は1.2m、**Q-3**は図を参照して糸に天然石を通してから巻く。モチーフQを参照し、**Q-1、2**は同じ目数で同様に作り、**Q-3**は図を参照して天然石を入れながら作る。

Q-3
❶ 糸に天然石を12個通す(48ページの「糸にビーズを通す」を参照)
❷ 下記の順に糸を巻く
(59ページの「シャトルにビーズを巻き込む」を参照)

　カラ巻き15回→(天然石3個+カラ巻き8回)×2回くり返す
　→天然石2個+カラ巻き3回　残った天然石4個は、3個は
　　チェーン用、1個は❶のピコット用

❸ Qの要領で指定の目数で天然石を入れて作る
(ピコット部分は57ページの「ピコットに天然石を1個入れる」と
同様にし、ほかは81ページのO-3のように天然石を寄せて
チェーンを作る)

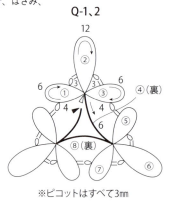

Q-1、2
※ピコットはすべて3mm
1=1.5cm
2=2.1cm

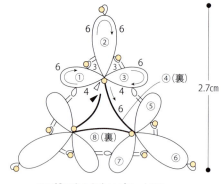

Q-3
※天然石を入れないピコットは3mm
2.7cm

motif Qのネックレス…p.23

サイズ 全長約51cm

材料
絹穴糸／アイボリー…11.5m
天然石／ムーンストーン・ラウンドカット(2mm)…50個
　　　　ピンクトルマリン・ラウンドカット(2mm)…10個
メタルプレート／三角・ゴールド(12mm)…4個
チェーン(1輪が3×1.5mm)／ゴールド…25cm×2本
Cカン／ゴールド(0.6×3×4mm)…2個
アーティスティックワイヤー♯28／ゴールド…6cm×10本
引き輪／ゴールド(6mm)…1個
ダルマ／ゴールド(3×6mm)…1個

用具
シャトル1個、ワイヤー針、10号レース針、はさみ、
木工用ボンド、つまようじ、定規、ニッパー、ヤットコ、丸ペンチ

❶ モチーフをa〜cの順に5枚作る

　a 糸2.3mにムーンストーンを10個通す
　　(48ページの「糸にビーズを通す」を参照)

　b 下記の順に糸を巻く
　　(59ページの「シャトルにビーズを巻き込む」を参照)

　　カラ巻き15回
　　↓
　　(ムーンストーン2個+カラ巻き9回)×2回
　　くり返す
　　↓
　　ムーンストーン2個+カラ巻き4回
　　残ったムーンストーン4個は、3個は
　　チェーン用、1個は❶のピコット用

　c Q-3と同様に作るが、◎のピコットは
　　天然石を入れない

※ムーンストーンを入れないピコットは3mm

引き輪
ダルマ
12.5cm
チェーン
❹ 引き輪とチェーンの両端をCカンでつなぐ
(Cカンの開閉は99ページを参照)
❺ ダルマとチェーンの両端をCカンでつなぐ
❸ チェーン25cmの半分のところをめがね留めでつなぐ
❷ めがね留めでモチーフのピコット(◎)、メタルプレートをつなぐ
(74ページを参照)
ピンクトルマリン
モチーフ
メタルプレート

86

motif R の作り方 …p.6

いろいろなテクニックが入った難易度の高いモチーフです。

糸 オリムパス タティングレース糸・中／生成り(T202)…3.5m

用具 シャトル1個、10号レース針、はさみ、木工用ボンド、つまようじ、定規

※わかりやすいように、糸をかえて解説しています。

実物大

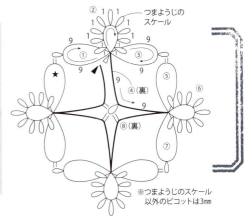
※つまようじのスケール以外のピコットは3mm

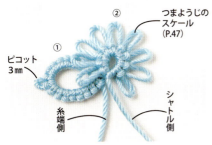

1 シャトルに糸を2m巻き、糸は切らずにシャトルから約40cmのところで①、②のリングを作る(②の最初の表目は52ページの**2**と同様)。

2 ①と②の根元を重ねて持ち、③のリングを作る(最初の表目は52ページの**2**と同様)。

3 ③のリングができた。

4 ④はチェーンを作るので、糸玉の糸とシャトルで作る。

5 ①〜③をリバース(裏返す)し、④をチェーンで作り、シャトルの糸を引き、少しカーブさせる(72ページの「チェーンを作る」を参照)。

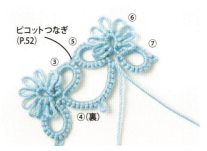

6 ④をリバースし、③のピコットにピコットつなぎをしながら⑤のリングを作り、続けて⑥、⑦を作る。

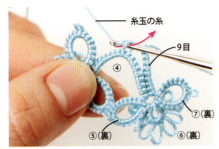

7 ⑤〜⑦をリバースし、⑧のチェーンを9目作ったらレース針を④のピコットに入れ、糸玉の糸をかけて引き出す。

8 レース針をはずし、シャトルを通す。

9 それぞれの糸を引く。ピコットつなぎができた。

10 続けてチェーンを9目作る。⑧ができた。

11 ⑤～⑧をくり返し、最後のリング(87ページの図内★部分)の手前まで作る。

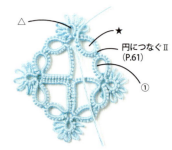

12 最後のリングは③のリングと同様に作り始め、最初に作った①のリングのピコットに、「円につなぐⅡ」でつなぐ。

13 12の△部分のリングを向こうに倒し、最後のチェーンを9目作る。次に下側の●部分のリングを矢印のように起こす。

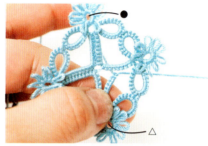

14 ●のリングが上、△のリングが下になる。

15 モチーフを縦半分に折り、④のピコットに手前からレース針を入れ、糸玉の糸をかけて引き出す。

16 引き出したところ。

17 レース針をはずし、シャトルを通す。

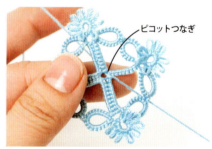

18 それぞれの糸を引く。ピコットつなぎができた。

19 モチーフを縦半分に折り、チェーンの残り9目を作る。

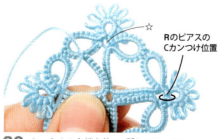

20 シャトルの糸端を約5cm残してカットし、モチーフを開く。

21 リングとチェーンの間(20の☆部分)に手前からレース針を入れ、糸をかけて引き出し(80ページの10と同様)、糸の始末をする(42ページを参照)。この面がモチーフの裏側になる。

基本をアレンジした motif R-1〜4 …p.14

材料
R-1 オリムパス タティングレース糸・細／クリーム(T102)…2.7m
R-2 DMC ディアマント／ゴールド(D3821)…3m
R-3 オリムパス タティングレース糸・太／クリーム(T302)…4.8m
R-4 絹穴糸／クリーム…3.4m
　　天然石／レインボームーンストーン・ラウンドカット(2mm)…16個

用具
シャトル1個、ワイヤー針(R-4のみ)、10号レース針、はさみ、
木工用ボンド、つまようじ、定規

作り方
R-1はシャトルに1.5m、R-2は1.8m、R-3は3m、R-4は図を参照して糸に天然石を通してから巻く。モチーフRを参照し、同じ目数で同様に作り、R-4は天然石を入れる。

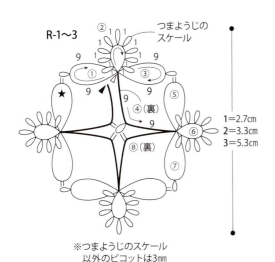

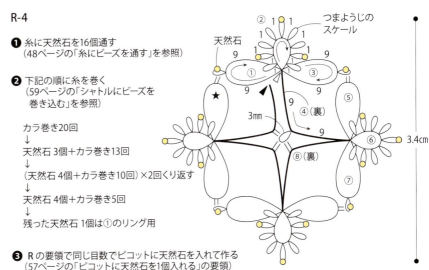

R-4
❶ 糸に天然石を16個通す
　(48ページの「糸にビーズを通す」を参照)
❷ 下記の順に糸を巻く
　(59ページの「シャトルにビーズを巻き込む」を参照)

カラ巻き20回
↓
天然石3個＋カラ巻き13回
↓
(天然石4個＋カラ巻き10回)×2回くり返す
↓
天然石4個＋カラ巻き5回
↓
残った天然石1個は①のリング用

❸ Rの要領で同じ目数でピコットに天然石を入れて作る
　(57ページの「ピコットに天然石を1個入れる」の要領)

motif R のピアス …p.18

サイズ　長さ約7cm(金具を除く)

材料
絹穴糸／クリーム…6.8m
天然石／レインボームーンストーン・ラウンドカット(2mm)…32個
チェーン(1輪が3×2mm)／ゴールド…6cm×2本
メタルパーツ／四角・ゴールド(13×13mm)…2個
Cカン／ゴールド(0.6×3×4mm)…4個
ピアス金具／ゴールド…1組

用具
シャトル1個、ワイヤー針、10号レース針、はさみ、
木工用ボンド、つまようじ、定規、ニッパー、
ヤットコ、丸ペンチ

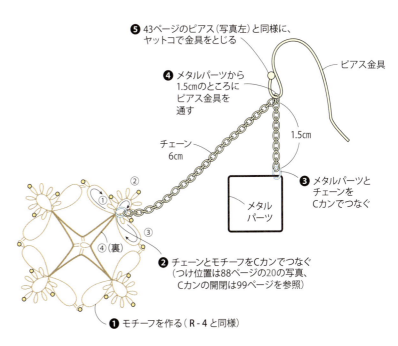

motif S の作り方 …p.7

1段めを作り、糸を切って2段めを作るので、色合わせも楽しめます。

糸 オリムパス タティングレース糸・中／
生成り(T202)…2.1m

用具 シャトル1個、アイスクリームなどのふた、
10号レース針、はさみ、木工用ボンド、
つまようじ、定規

※わかりやすいように、糸をかえて解説しています。

実物大

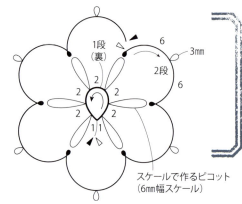

1 1段め。糸70cmで図を参照し、6mm幅スケールでピコットを作りながらリングを作り、糸端を約5cm残してカットして糸の始末をする(42ページを参照)。

2 2段め。シャトルに糸を20cm巻き、糸は切らずにそのままにする。1段めはリバース(裏返す)しておく。

3 1段めのピコットの1カ所から2段めの糸を引き出し、シャトルを通す。

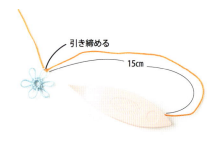

4 シャトルから15cmのところで引き締める。2段めの糸が1段めについた。

5 チェーン(6目、ピコット、6目)を作る(72ページの「チェーンを作る」を参照)。

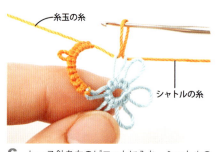

6 レース針を右のピコットに入れ、シャトルの糸をかけて引き出す。

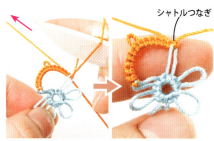

7 レース針をはずし、シャトルを通して引き締める。シャトルつなぎができた。

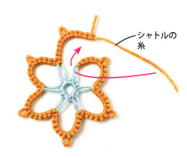

8 5～7を4回くり返し、さらにチェーンを作る。シャトルの糸端を約5cm残してカットし、矢印のように1段めのピコットに通す。

9 糸端を結び、糸の始末をする。

基本をアレンジした motif S-1〜2 …p.15

材料
S-1 絹穴糸／レモンイエロー…2.1m
S-2 絹穴糸／ライムグリーン…2.1m
　　　特小ビーズ／パール…60個
　　　スリーカットビーズ／シルキーベージュ…12個

用具
シャトル1個、アイスクリームなどのふた（S-1のみ）、ワイヤー針（S-2のみ）、10号レース針、はさみ、木工用ボンド、つまようじ、定規

作り方
S-1、2は1段めは糸70cmで作る。2段めはS-1はシャトルに糸を20cm巻く。S-2は糸にビーズを通し、シャトルは糸のみ20cm巻く。モチーフSを参照し、同じ目数でS-2はビーズを入れて作る。

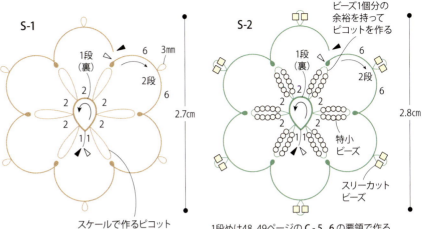

motif S のピアス …p.26

サイズ　長さ約4cm（金具を除く）

材料
絹穴糸／ライムグリーン…4.5m
特小ビーズ／パール…120個
スリーカットビーズ／シルキーベージュ…24個
ワイヤーフープ／ゴールド（25mm）…2個
ピアス金具／ゴールド…1組

用具
シャトル1個、ワイヤー針、10号レース針、はさみ、木工用ボンド、瞬間接着剤、つまようじ、ヤットコ

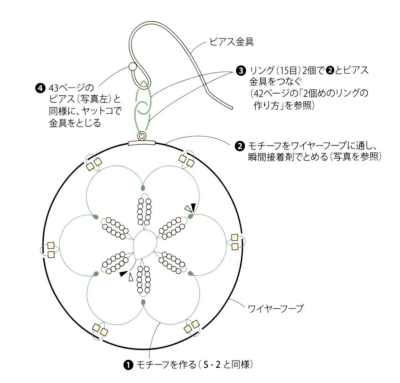

モチーフをワイヤーフープに通す

1 モチーフのピコットにワイヤーフープを通す。

2 ピコットをすべて通したところ。

3 ピコットを動かし、均等に広げる。

4 ワイヤーフープの端に瞬間接着剤をつけて差し込み（☆）、乾かす。

motif T の作り方 …p.7

90ページのモチーフSの要領で、
2〜4段めはすべて
1段めのピコットにシャトルつなぎをします。

糸 オリムパス タティングレース糸・中／
生成り(T202)…3.8m

用具 シャトル1個、アイスクリームなどのふた、
10号レース針、はさみ、木工用ボンド、
つまようじ、定規

※わかりやすいように、糸をかえて解説しています。

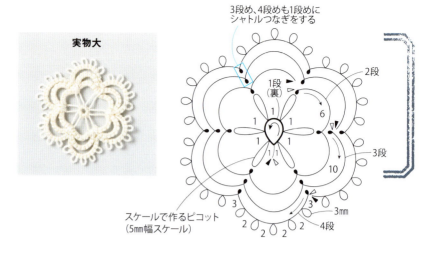

実物大

1 1段め。糸70cmで図を参照し、5mm幅スケールでピコットを作りながらリングを作り、糸端を約5cm残してカットして糸の始末をする(42ページを参照)。

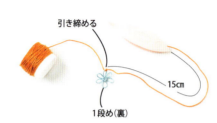

2 2段め。シャトルに糸を10cm巻き、糸は切らずにそのままにする。90ページの**3〜4**と同様に、2段めの糸を1段めにつける。

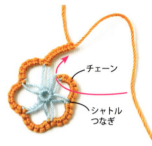

3 90ページの**5〜8**の要領で、1段めのピコットとシャトルつなぎをし、シャトルの糸端を約5cm残してカットし、矢印のように1段めのピコットに通す。

4 糸端を結び、糸の始末をする。

5 3段め。シャトルに糸を13cm巻き、糸は切らずにそのままにする。2段めで糸始末をしたところ(●)の右隣の1段めのピコットにレース針を入れ、糸をかけて引き出す。

6 レース針をはずし、シャトルを通す。

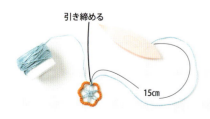

7 2段めと同様に、シャトルから15cmのところで引き締める。3段めの糸が1段めについた。

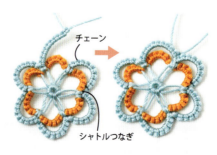

8 2段めと同様に、チェーンとシャトルつなぎをし、シャトルの糸端を約5cm残してカットし、1段めのピコットに通して糸の始末をする。

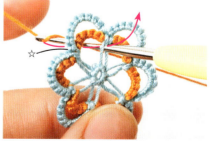

9 4段め。シャトルに糸を16cm巻き、糸は切らずにそのままにする。3段めで糸始末をしたところ(☆)の右隣の1段めのピコットにレース針を入れ、糸をかけて引き出す。

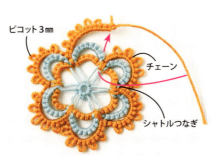

10 6と同様にレース針をはずしてシャトルを通し、7と同様にシャトルから15cmのところで引き締める。4段めの糸が1段めについた。

11 2段めと同様に、チェーンとシャトルつなぎをし、シャトルの糸端を約5cm残してカットし、1段めのピコットに通す。

12 糸端を結び、糸の始末をする。

基本をアレンジした motif T-1〜3 …p.15

材料

T-1 絹穴糸／クリーム…70cm　ライトオレンジ…1m
　　　アプリコット…1.3m　マンダリンオレンジ…1.7m
　　　天然石／ピンクオパール・ラウンドカット(2mm)…30個

T-2 絹穴糸／インディゴ…70cm　コバルトブルー…1m
　　　ブルー…1.3m　ターコイズブルー…1.7m
　　　天然石／ブルーアパタイト・ラウンドカット(2mm)…30個

T-3 オリムパス タティングレース糸・太／クリーム
　　　(T302)…70cm　クリームイエロー(T306)…1.1m
　　　ミントグリーン(T309)…1.4m
　　　ライトブルー(T310)…1.8m

用具
シャトル1個、アイスクリームなどのふた、ワイヤー針(**T-1, 2のみ**)、10号レース針、はさみ、木工用ボンド、つまようじ、定規

作り方
T-1〜3の2段めはシャトルに糸を10cm、3段めは13cm巻く。4段めは**T-1、2**は糸に天然石を通し(48ページの「糸にビーズを通す」を参照)、シャトルは糸のみ16cm巻く。**T-3**はシャトルに糸を16cm巻く。モチーフ**T**を参照し、同じ目数で**T-1、2**は天然石を入れ、指定の配色で作る。

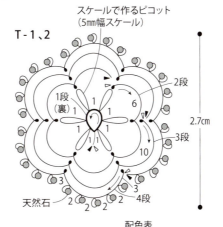
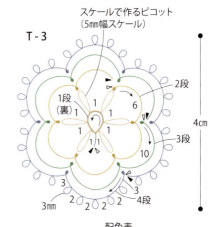

配色表 T-1, T-2

	T-1	T-2
1段め	クリーム	インディゴ
2段め	ライトオレンジ	コバルトブルー
3段め	アプリコット	ブルー
4段め	マンダリンオレンジ	ターコイズブルー

配色表 T-3

1段め	クリーム
2段め	クリームイエロー
3段め	ミントグリーン
4段め	ライトブルー

motif T のイヤリング …p.18

サイズ　直径2.7cm(金具を除く)

材料
絹穴糸／クリーム…1.4m　ライトオレンジ…2m
アプリコット…2.6m　マンダリンオレンジ…3.4m
天然石／ピンクオパール・ラウンドカット(2mm)…60個
テグス1号／透明…1.2m
イヤリング金具・透かし台つき／ゴールド(16mm)…1組

用具
シャトル1個、アイスクリームなどのふた、ワイヤー針、10号レース針、はさみ、木工用ボンド、つまようじ、定規

モチーフは**T-1**と同様に作り、79ページの「モチーフをブローチ金具につける」の要領でテグスをワイヤー針に通し、金具にモチーフをつける。ただし、結びは最初と最後のみ行う。金具の1〜12は針を出し入れする順番

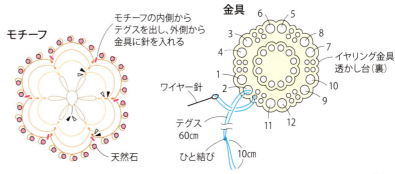

motif U の作り方 …p.7

90ページのモチーフSと同様に、2段めは新しい糸で作ります。

糸 オリムパス タティングレース糸・中／生成り(T202)…3.2m
用具 シャトル1個、10号レース針、はさみ、木工用ボンド、つまようじ、定規
※わかりやすいように、糸をかえて解説しています。

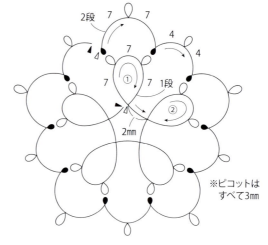

※ピコットはすべて3mm

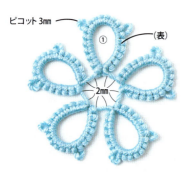

1 1段めは糸1.5mを使う。シャトルに糸を1.1m巻き、図を参照して①のリングを作り、「2mmあけてリングを作る」をくり返す。終わりも2mmあけて糸を結び、糸の始末をする(42ページを参照)。

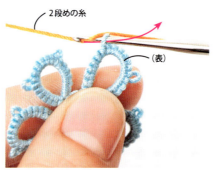

2 2段めは糸1.7mを使う。シャトルに糸を30cm巻き、糸は切らず1段めのピコットにレース針を入れ、2段めの糸をかけて引き出す。

3 レース針をはずし、シャトルを通す。

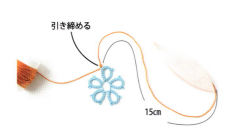

4 シャトルから15cmのところで引き締める。2段めの糸が1段めについた。

5 チェーン(7目、ピコット、7目)を作る(72ページの「チェーンを作る」を参照)。

6 右のピコットにシャトルつなぎをする。

7 続けてチェーン(4目、ピコット、4目)を作り、シャトルつなぎをする。

8 チェーンとシャトルつなぎをくり返し、最後はシャトルつなぎをせず、シャトルの糸端を約5cm残してカットし、レース針で矢印のように1段めのピコットに通す。

9 糸端を結び、糸の始末をする。

基本をアレンジした motif U-1〜3 …p.15

材料
U-1 オリムパス タティングレース糸・中／ライラック(T208)…1.5m
　　　チャコールグレー(T212)…1.7m
　　　スリーカットビーズ／モスグレー…35個
U-2 絹穴糸／グレーベージュ、ダークローズ…各1.8m
　　　スリーカットビーズ／ローズグレー…35個
U-3 DARUMA ラメのレース糸 #30 ／シルバー(2)…3.6m(1、2段めとも各1.8m)

用具
シャトル1個、ワイヤー針(**U-1**、**2**のみ)、10号レース針、はさみ、木工用ボンド、つまようじ、定規

作り方
2段めは**U-1**、**2**は糸にビーズを通し(48ページの「糸にビーズを通す」を参照)、シャトルは糸のみ30cm巻く。**U-3**はシャトルに糸を30cm巻く。モチーフUを参照し、**U-1**は同じ目数でビーズを入れ、**U-2**は指定の目数でビーズを入れ、**U-3**は同じ目数でそれぞれ指定の配色で作る。

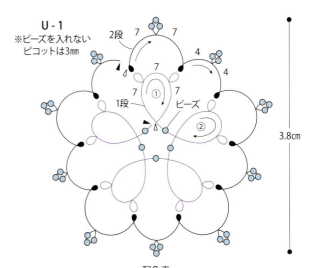

配色表

1段め	ライラック
2段め	チャコールグレー

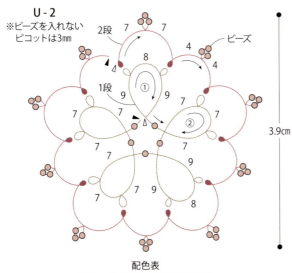

配色表

1段め	グレーベージュ
2段め	ダークローズ

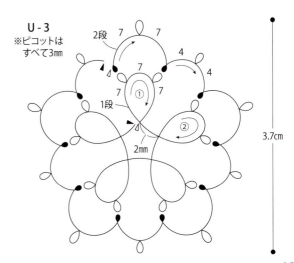

motif U のネックレス…p.27

サイズ 全長約51cm（モチーフを除く）

材料

絹穴糸／グレーベージュ…2.2m　ダークローズ…3m
スリーカットビーズ／ローズグレー…36個
天然石／トルマリン・縦穴マロン型（7×7mm）…2個
天然石／ラブラドライト・タンブル（8×5mm）…40個
アーティスティックワイヤー#26／
　ノンターニッシュシルバー…6cm×40本
マンテル／ロジウム（輪11×14mm、バー15mm）…1組

用具

シャトル1個、ワイヤー針、10号レース針、はさみ、木工用ボンド、つまようじ、定規、ニッパー、ヤットコ、丸ペンチ

❶ U-2の要領で1段めの①と③はピコットを増し、2段めは1カ所ピコットを作らない

※ビーズを入れないピコットは3mm（赤色のピコットを除く）

配色表

1段め	グレーベージュ
2段め	ダークローズ

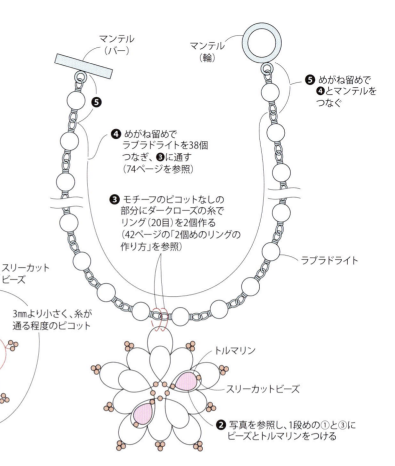

❷ 写真を参照し、1段めの①と③にビーズとトルマリンをつける

❸ モチーフのピコットなしの部分にダークローズの糸でリング（20目）を2個作る（42ページの「2個めのリングの作り方」を参照）

❹ めがね留めでラブラドライトを38個つなぎ、❸に通す（74ページを参照）

❺ めがね留めで❹とマンテルをつなぐ

❷モチーフの仕上げ
※わかりやすいように、糸の色をかえています（実際には絹穴糸のグレーベージュを使用）。

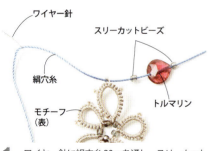

1 ワイヤー針に絹穴糸20cmを通し、スリーカットビーズとトルマリンを通す。図を参照し、モチーフの指定のピコットにワイヤー針を通す。

2 ワイヤー針をスリーカットビーズ1個とトルマリンに通す。

3 ワイヤー針をリングに通し、もう片方の糸端を中心の穴に通す。

4 糸を引き、スリーカットビーズとトルマリンをリングの上にのせる。

5 モチーフを裏返し、糸端を結ぶ。

6 糸の始末をする（42ページを参照）。もう1カ所も同様にする。

motif Ⅴ の作り方 …p.7

ピコットは少し大きめにすると、作りやすいモチーフです。

糸 オリムパス タティングレース糸・中／生成り(T202)…8.4m

用具 シャトル1個、10号レース針、はさみ、木工用ボンド、つまようじ、定規

※わかりやすいように、糸をかえて解説しています。

実物大

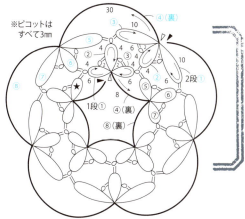

※98ページの右下に拡大した図があります（V-1。糸は異なりますが、目数は同じ）

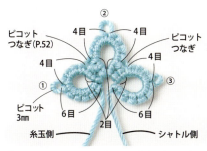

1 1段めはシャトルに糸を2m巻き、糸は切らず、図を参照してシャトルから約40cmのところで①〜③のリングを作る（②、③の最初の表目は52ページの**2**と同様）。

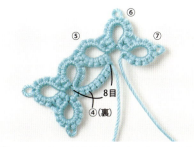

2 **1**をリバース(裏返す)して④のチェーンを作る（72ページの「チェーンを作る」を参照）。④をリバースして⑤〜⑦のリングを作る（①〜③と目数は同じ）。

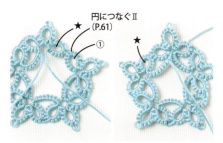

3 ④〜⑦をくり返し、最後のリング（★）で①に「円につなぐⅡ」でつなぐ。最後のチェーンを作ったら、最初のリングとチェーンの間に糸端を通して糸の始末をする（42ページを参照）。

4 2段め。シャトルに糸を2.8m巻き、糸は切らずにそのままにする。

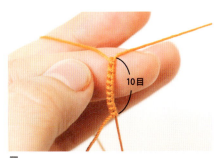

5 図を参照し、シャトルから約40cmのところで①のリングを10目作る。

6 1段めの⑥のリングのピコットにレース針を入れ、左手にかけた糸の輪をかけて引き出す。

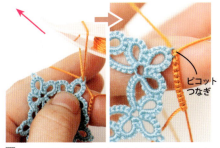

7 レース針をはずし、シャトルを通してピコットつなぎをする。

8 ①の残り(6目、ピコット、2目)を作り、シャトルの糸を引いてリングを作る。

9 ②のリングは、2カ所でピコットつなぎをしながら作る。

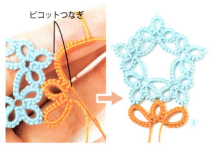

10 ③のリングも、2カ所でピコットつなぎをしながら作る。

11 ①〜③をリバースし、④のチェーン(30目)を作る。

12 チェーンができた。

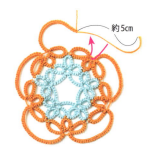
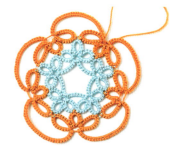

13 ④をリバースし、1段めの②にピコットつなぎをしながら⑤のリングを作る。

14 リング3つとチェーンをくり返し、最後のチェーンを作ったらシャトルの糸端を約5cm残してカットし、最初のリングとチェーンの間に糸端を通す。

15 糸端を結び、糸の始末をする。

基本をアレンジした motif V-1〜3 …p.16

材料
V-1 オリムパス タティングレース糸・細／アイボリー(T103)…3m
　　　ピンク(T107)…4.1m
V-2 絹穴糸／コスモス…3.2m　パープル…4.6m
　　　スリーカットビーズ／ゴールド…10個
　　　メタルビーズ／ゴールド(3×2mm)…5個
V-3 絹穴糸／オリーブ…3.2m　スモークグリーン…4.6m
　　　スリーカットビーズ／ゴールド…10個
　　　メタルビーズ／ゴールド(3×2mm)…5個

用具
シャトル1個、ワイヤー針(V-2、3のみ)、10号レース針、はさみ、木工用ボンド、つまようじ、定規

作り方
モチーフVを参照し、シャトルに巻く糸の長さは指定のようにする。
V-1は同じ目数で糸をかえ、**V-2、3**は指定以外は**V-1**と同じ目数で指定のピコットにビーズを入れて作る。

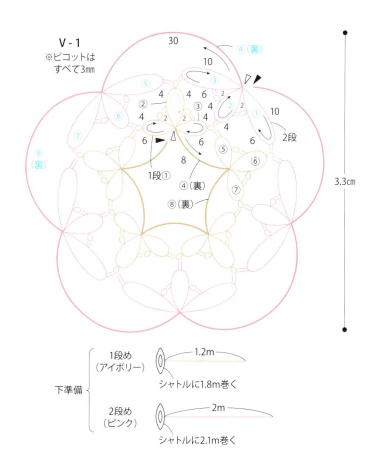

V-2、3

① 1段めの糸にスリーカットビーズを10個通す
（48ページの「糸にビーズを通す」を参照）

② 下記の順に糸を巻く
（59ページの「シャトルにビーズを巻き込む」を参照）

カラ巻き20回→（ビーズ1個＋カラ巻き6回）×5回くり返す
→残った5個は、そのまま巻き込まない

③ Vと同様にシャトルから約40cmの位置で①を作り始め、指定のピコットにビーズを入れて作る（57ページの「ピコットに天然石を1個入れる」の要領）

④ 2段めの糸にメタルビーズを5個通し、糸のみシャトルに3m巻く

⑤ シャトルから約40cmの位置で作り始める

配色表

	V-2	V-3
1段め	コスモス	オリーブ
2段め	パープル	スモークグリーン

motif V のチョーカー …p.19

サイズ 全長約46cm（モチーフを除く）

材料
絹穴糸／コスモス…3.2m　パープル…4.6m
スリーカットビーズ／ゴールド…10個
メタルビーズ／ゴールド（3×2mm）…5個
革丸ひも／ベージュ（太さ1.2mm）…1m
ランプワーク玉／ラベンダー（6×4mm）…5個
メタルビーズ／ゴールド（3×3mm）…10個
Cカン／ロジウム（0.7×3.5×4.5mm）…16個

用具
シャトル1個、ワイヤー針、
10号レース針、はさみ、
木工用ボンド、つまようじ、
定規、ヤットコ、丸ペンチ

● Cカンの開閉の仕方

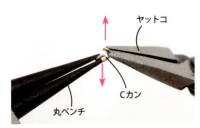

丸ペンチとヤットコでCカンをはさみ、前後に開く（閉じるときも同様に、前後に閉じる）。

❷革丸ひもをCカンでとめる

図を参照し、モチーフの指定の位置に革丸ひもを通して半分に折る。Cカンを開けて革丸ひもをはさみ、革丸ひもが動かないようにヤットコでCカンをとめる。

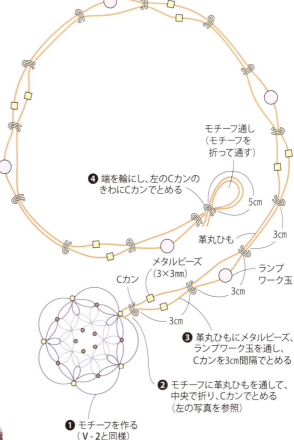

❶ モチーフを作る（V-2と同様）

❷ モチーフに革丸ひもを通して、中央で折り、Cカンでとめる（左の写真を参照）

❸ 革丸ひもにメタルビーズ、ランプワーク玉を通し、Cカンを3cm間隔でとめる

❹ 端を輪にし、左のCカンのきわにCカンでとめる

99

motif W の作り方 …p.7

シャトル2個を使い、「スプリット」という技法で作ります。

糸 オリムパス タティングレース糸・中／
　　生成り(T202)…1.9m
用具 シャトル2個、はさみ、木工用ボンド、
　　つまようじ、定規
※わかりやすいように、糸をかえて解説しています。

実物大

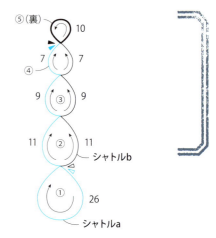

Point
スプリットは1つのリングの中に、2色の色を出すことができます。
3、4はリングの要領で**巻き目を入れかえます**。
6、7はリングの動作で**巻き目を入れかえません**。

● スプリット

1 シャトルaに糸を1m、シャトルbに糸を90cm巻く。

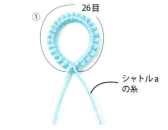

2 シャトルaで①のリング(26目)を作る(38ページのモチーフAを参照)。

3 続けて②のリングを11目作る(最初の表目は52ページの2と同様)。作った目は左側にできる。

4 左手にかけた糸の輪をはずして向きをかえ、①のリングが右側になるようにかけ直し、シャトルaはそのまま置いておく。

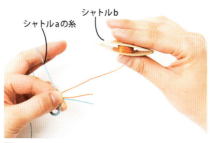

5 ①のリングの根元とシャトルbの糸を一緒に持つ。

6 シャトルbの糸で裏目を作るが、糸は入れかえない。

7 シャトルaの糸に、bの糸で巻き目を作る。

8 裏目ができた。

9 次に表目を作る。

10 シャトルaの糸に、bの糸で巻き目を作る。

11 表目ができ、1目できた（裏目＋表目＝1目）。作った目が右側にできる。

12 「裏目、表目」をくり返し、全部で11目作る。

13 シャトルbを置き、3の持ち方に戻し、シャトルaの糸を引く。

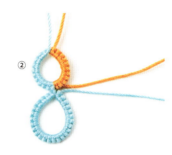

14 ②のリングができた。

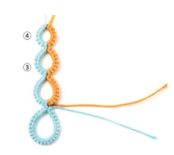

15 3〜14と同様に、指定の目数で③、④のリングを作る。

16 ④をリバース（裏返す）し、シャトルbで⑤のリングを作る。

17 10目できた。

18 シャトルbの糸を引いてリングにし、糸の始末をする（42ページを参照）。

基本をアレンジした motif W-1〜4 …p.16

材料
- W-1 オリムパス タティングレース糸・細／ターコイズ（T113）…90cm
  ライトブルー（T110）…80cm
- W-2 絹穴糸／マスタード…1m　グレー…90cm
- W-3 絹穴糸／ライトピンク…1m　ラベンダーブルー…90cm
- W-4 オリムパス エミーグランデ・カラーズ／スモークグリーン（244）…1.2m
  オリムパス エミーグランデ・ハーブス／ベージュ（721）…1m

用具
シャトル2個、はさみ、木工用ボンド、つまようじ、定規

作り方
モチーフWを参照し、同じ目数で糸をかえ、同様に作る。

配色表

	シャトルa	シャトルb
W-1	ターコイズ	ライトブルー
W-2	マスタード	グレー
W-3	ライトピンク	ラベンダーブルー
W-4	スモークグリーン	ベージュ

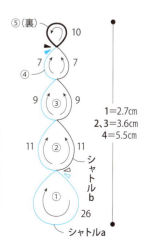

motif W のネックレス …p.19

サイズ 全長約42cm(モチーフを除く)
材料
絹穴糸／ライトピンク…1m　ラベンダーブルー…90cm
天然石／アイオライト・ドロップ(9×6mm)…1個
つぶし玉(ビーズとして使用)／シルバー…6個
チェーン(1輪が1×2mm)／シルバー…40cm
Cカン／ロジウム(0.5×2×3mm)…2個
引き輪／ロジウム(6mm)…1個
ダルマ／ロジウム(3×6mm)…1個
用具
シャトル2個、はさみ、木工用ボンド、つまようじ、定規、ニッパー、ヤットコ、丸ペンチ

❶の作り方

1 シャトルaの糸(ライトピンク)につぶし玉3個、天然石1個、つぶし玉3個を通す(48ページの「糸にビーズを通す」を参照)。

2 ①のリングを作る。左手にかけた糸の輪につぶし玉と天然石がある状態で13目を作り、つぶし玉と天然石を作った目のきわに寄せる。

3 次に1目を作り、13目のほうに寄せる。つぶし玉と天然石が入ったピコットができた。

4 全部で13目作る。

5 シャトルの糸を引いてリングにする。

motif X の作り方 …p.7

シャトル2個で個々にパーツを作ったり、2つの糸でチェーンを作るモチーフです。

糸 オリムパス タティングレース糸・中/
生成り(T202)…2m

用具 シャトル2個、アイスクリームなどのふた、10号レース針、ミニクリップ、はさみ、木工用ボンド、つまようじ、定規

※わかりやすいように、糸をかえて解説しています。

実物大

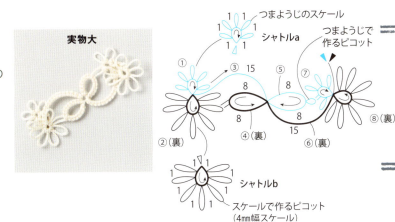

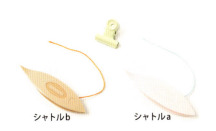

1 シャトルaに糸を1m、シャトルbに糸を1m巻き、ミニクリップを用意する。

2 図を参照し、①はシャトルaでつまようじのスケール、②はスケールで作るピコットで、それぞれリングを作る(46、47ページのモチーフCの要領)。

3 ②をリバース(裏返す)し、①と②の根元を合わせる。

4 ミニクリップで根元がずれないようにとめる。

5 4を左手で持ち、シャトルaの糸を左手にかけ、シャトルbで③のチェーンを作る(72ページの「チェーン」を参照)。

6 15目作り、③ができた。

7 ミニクリップをはずす。③をリバースし、シャトルbで④のリングを作る。

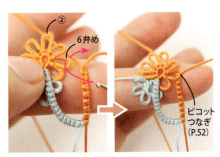

8 8目作り、②の6弁めのピコットにレース針を入れ、ピコットつなぎをする。

9 続けて8目を作り、シャトルの糸を引いてリングにする。④ができた。

10 ④をリバースし、シャトルaで⑤のリングを作る。

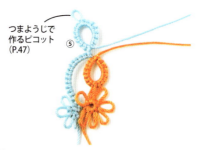

11 ⑤のリングができた（ピコットはつまようじで作る）。

12 ⑤をリバースし、シャトルbの糸を左手にかけ、シャトルaで⑥のチェーンを作る。

13 ⑥をリバースし、シャトルaで⑦のリングを作る。

14 ①と同様につまようじでピコットを作り、次は⑤のピコットにピコットつなぎをする。

15 ピコットつなぎができた。

16 残りを作り、シャトルaの糸を引いてリングにする。⑦ができた。

17 ⑦をリバースし、シャトルbで⑧のリング（②と同様）を作る。

18 ⑧ができた。糸の始末をする（42ページを参照）。

基本をアレンジした motif X-1〜3 …p.17

材料

X-1 オリムパス タティングレース糸・細／ピンク（T107）、ライラック（T108）…各80cm

X-2 オリムパス タティングレース糸・ラメ／ラベンダー（T402）、ピンク（T403）…各90cm

X-3 絹穴糸／ピンク、ブルーグレー…各90cm
　　　特小ビーズ／シルバーピンク…50個
　　　スリーカットビーズ／パールグレー…70個

用具

シャトル2個、アイスクリームなどのふた（X-1、2のみ）、ワイヤー針（X-3のみ）、10号レース針、ミニクリップ、はさみ、木工用ボンド、つまようじ、定規

作り方

モチーフXを参照し、同じ目数で糸をかえ、X-3はビーズを入れて作る。

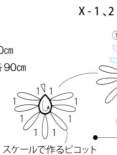

	X-1	X-2
シャトルa	ピンク	ラベンダー
シャトルb	ライラック	ピンク

X-3

❶ シャトルa、bの準備をする

a ＝ピンクの糸に特小ビーズを50個通す
（48ページの「糸にビーズを通す」を参照）

↓

下記の順に糸を巻く
（59ページの「シャトルにビーズを巻き込む」を参照）

　　カラ巻き8回→ビーズ25個＋カラ巻き8回
　　→残った25個はそのままにし、①で使用する

b ＝aの要領でブルーグレーの糸に
スリーカットビーズを70個通して糸を巻く

　　カラ巻き8回→ビーズ35個＋カラ巻き8回
　　→残った35個はそのままにし、②で使用する

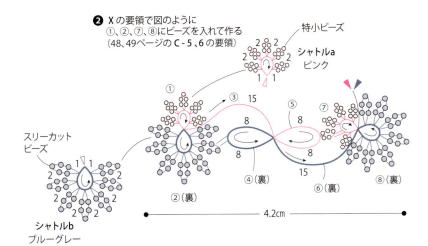

motif X のブレスレット…p.32

サイズ　全長約19.5cm

材料
絹穴糸／ブルーグレー…4m　ピンク…2.8m
特小ビーズ／シルバーピンク…175個
スリーカットビーズ／パールグレー…245個
マグネット金具／ロジウム（6×11mm）…1組

用具
シャトル2個、ワイヤー針、
10号レース針、ミニクリップ、
はさみ、木工用ボンド、つまようじ、
定規

❶ シャトルa、bの準備をする

a ＝ピンクの糸に特小ビーズを175個通す（48ページの「糸にビーズを通す」を参照）

↓

下記の順に糸を巻く
（59ページの「シャトルにビーズを巻き込む」を参照）

　　カラ巻き8回→（ビーズ25個＋カラ巻き8回）×6回くり返す
　　→残った25個はそのままにし、①のリングで使用する

b ＝aの要領でブルーグレーの糸に
スリーカットビーズを245個通して糸を巻く

　　カラ巻き20回→（ビーズ35個＋カラ巻き8回）×7回くり返す
　　→約40cm残し、最初のリング（②15目）を作る

❷ X-3のモチーフで図のようにビーズを入れて作るが、
シャトルbは最初と最後にリング（15目）を作る

①〜④の作り方

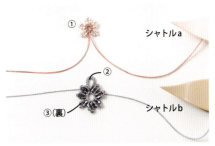

1 シャトルaで①のリングを作る（48、49ページの **C-5、6** の作り方を参照）。シャトルbで②のリングを作り、リバースして③のリングを作る。

2 103ページの **3〜6** の要領で、①と③（裏）の根元を合わせてミニクリップでとめ、④のチェーンを作る。

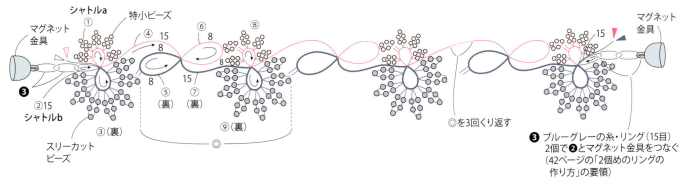

❸ ブルーグレーの糸・リング（15目）2個で❷とマグネット金具をつなぐ
（42ページの「2個めのリングの作り方」の要領）

motif Y の作り方 …p.7

シャトル2個を使い、シャトルを持ちかえながら作ります。

糸 オリムパス タティングレース糸・中／生成り(T202)…3m
用具 シャトル2個、10号レース針、はさみ、木工用ボンド、つまようじ、定規

※わかりやすいように、糸をかえて解説しています。

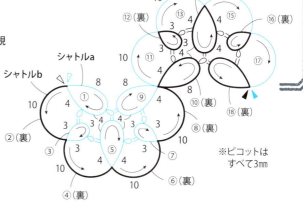

※ピコットはすべて3mm

1 シャトルa、bは、それぞれ糸を1.5mずつ巻く。図を参照し、シャトルaで①のリングを作る(44ページのモチーフBの要領)。

2 ①をリバース(裏返す)して持ち、シャトルbの糸を左手にかけ、シャトルaで②のチェーンを作る(72ページの「チェーンを作る」を参照)。

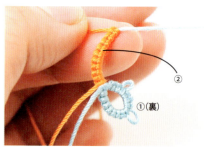

3 ②のチェーンができた。

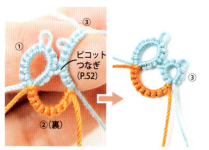

4 ②をリバースし、シャトルaで①のピコットにピコットつなぎをしながら③のリングを作る。

5 2〜4の要領で、チェーンとリングを交互に作り、⑨のリングまで作る。

6 ⑨をリバースし、シャトルbで⑩のリングを作る。

7 指定の目数を作ったら、シャトルbの糸を引いてリングにする。

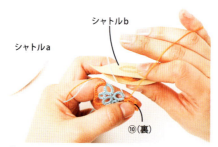

8 ⑩をリバースし、シャトルaの糸を左手にかけ、シャトルbで⑪のチェーンを作る。

9 ⑪のチェーンができた。

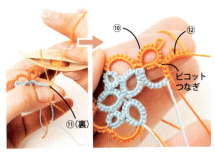

10 ⑪をリバースし、シャトルbで⑩のピコットにピコットつなぎをしながら⑫のリングを作る。

11 ⑫のリングができた。

12 8～11の要領で⑱のリングまで作り、糸端を約5cm残してカットし、糸の始末をする（42ページを参照）。

基本をアレンジした motif Y-1～4 …p.17

材料
Y-1 絹穴糸／ペールグリーン、アプリコット…各1.5m
Y-2 絹穴糸／ベージュ、ピンクアーモンド…各1.5m
Y-3 絹穴糸／ベージュ、ピンクアーモンド…各1.5m
　　　スリーカットビーズ／ゴールドローズ…24個
Y-4 絹穴糸／ベージュ、ピンクアーモンド…各1.5m
　　　スリーカットビーズ／ゴールドローズ…32個

用具
シャトル2個、ワイヤー針（Y-3、4のみ）、10号レース針、はさみ、木工用ボンド、つまようじ

作り方
モチーフYを参照し、同じ目数で糸をかえ、Y-3、4はビーズを入れて作る。

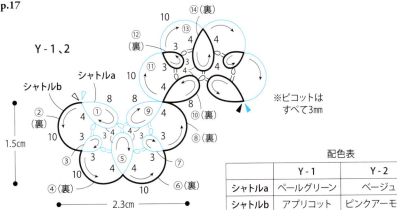

配色表	Y-1	Y-2
シャトルa	ペールグリーン	ベージュ
シャトルb	アプリコット	ピンクアーモンド

Y-3
シャトルa、bはそれぞれ糸にビーズを12個通し（48ページを参照）、シャトルに巻いて作り始める

〈Y-3、4共通〉
⑨を作ったら⑨のきわにそれぞれのシャトルからビーズを寄せる（59ページを参照）
ビーズを入れないピコットは3mm

Y-4
シャトルa、bはそれぞれ糸にビーズを16個通し（48ページを参照）、シャトルに巻いて作り始める

motif Y のラリエット …p.33

サイズ　幅5m　長さ76cm

材料
絹穴糸／ベージュ…43m
　　　ピンクアーモンド…38m
スリーカットビーズ／ゴールドローズ…984個

用具
シャトル2個、ワイヤー針、10号レース針、はさみ、木工用ボンド、つまようじ、定規

作り方のポイント
大きなものを作るときは、おおよその数でビーズを巻き込みます。糸に通すときは数を指定せず、「10mに長さ25～28cm分のビーズを通す」（◎）にし、糸がなくなったら新たに◎を用意してつなぎながら作ります

※この作品は1列めを作り、2列めは1列めとつなぎながら作ります

❶ 1列めはベージュの糸10mにビーズ28cm分の長さを通す（48ページの「糸にビーズを通す」を参照）

❷ 下記の順に糸を巻く（59ページの「シャトルにビーズを巻き込む」を参照）

　カラ巻き20回→「ビーズ10個＋カラ巻き9回」をくり返す→ビーズがなくなったら反対側の糸端から、さらにビーズを通し、10mすべてを巻く（シャトルaになる）

❸ ピンクアーモンドの糸は❶、❷の要領で❶のビーズ28cm分を25cm分に、❷のビーズ10個を8個にかえる（シャトルbになる）

次ページに続く

❹ 図を参照し、1列めの1枚めからシャトルa、bで作る。途中で糸がなくなったら、❶、❷と同様にシャトルにビーズと糸を巻き込み、写真を参照してつなぎながら作る

❺ 2列めのベージュは❶、❷と同様、ピンクアーモンドは以下のようにする

糸10mにビーズ10cm分の長さを通す→カラ巻き20回
→「ビーズ4個＋カラ巻き14回」をくり返す
→ビーズがなくなったら❷と同様にして10mすべて巻く

❻ ピコットつなぎで1列めにつなぎながら2列めを作る

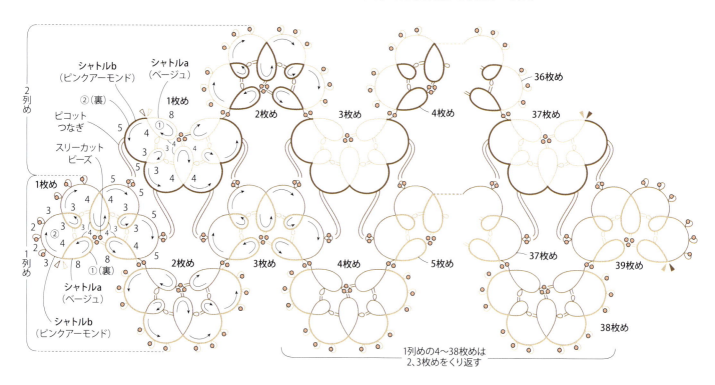

● シャトルの糸がなくなったら（糸の足し方）　ベージュの糸の足し方で解説しています。

1 ベージュの糸端を約5cm残してカットする。

2 シャトルにベージュの糸を巻き、糸端から6cmのところを指で持ち、続きを作る。

3 続きを少し作ってから、ベージュの糸端を結び、糸の始末をする（42ページを参照）。

2列めの作り始め

1 ①のリングを作る。

2 図を参照し、①をリバース（裏返す）し、②のチェーンの途中で1列めの指定のピコットにピコットつなぎをする（52ページを参照）。

3 2列めの1枚めができた（以降、3枚め、5枚めなどの奇数は、1枚めと同様に作る）。

モチーフ Zの作り方 …p.7

1段めはシャトル1個、
2段めはシャトル2個で作ります。

糸 オリムパス タティングレース糸・中／
生成り（T202）…6.1m

用具 シャトル2個、10号レース針、はさみ、
木工用ボンド、つまようじ、定規

※わかりやすいように、糸をかえて解説しています。

実物大

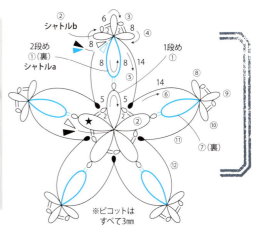

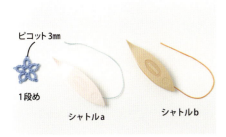

1 1段めは糸1.3mをシャトルに巻いて作る（最後のリング［図内★］は、61ページの「円につなぐⅡ」を参照してピコットつなぎでつなぐ）。2段め用にシャトルaは糸を1.6m、シャトルbは糸を3.2m巻く。

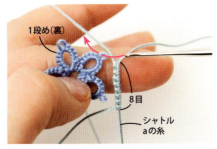

2 2段め。シャトルaで①のリングを8目作る。1段めのピコットにレース針を入れ、ピコットつなぎをする（52ページを参照）。

3 ピコットつなぎができた。

4 続けて8目を作り、シャトルの糸を引いてリングにする。①ができた。

5 シャトルbで②〜④のリングを作る（③と④の最初の表目は、52ページの**2**と同様）。

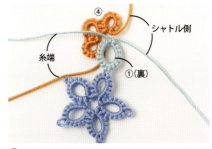

6 ①をリバース（裏返す）し、④と根元を突き合わせにする。

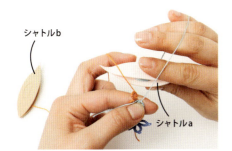

7 ①と④を一緒に持ち、シャトルbの糸を左手にかけ、シャトルaで⑤のチェーンを作る（72ページの「チェーンを作る」を参照）。

8 ①と④のきわに1目作る。

9 全部で14目を作る。⑤のチェーンができた。

10 次にシャトルつなぎをする。1段めのピコットにレース針を入れ、シャトルaの糸をかけて引き出す。

11 レース針をはずし、シャトルaを通す。

12 シャトルaの糸を引く。シャトルつなぎができた。

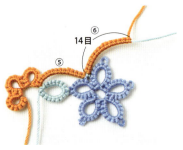

13 続けて⑥のチェーン(14目)を作る。

14 ⑥をリバースし、シャトルaで⑦のリングを作る。

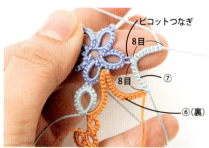

15 ⑦は①と同様に、途中で1段めのピコットにピコットつなぎをする。

16 シャトルaの糸を引き、リングにする。⑦ができた。

17 ⑦をリバースし、②〜④と同様に⑧〜⑩のリングを作る。

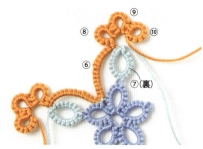

18 ⑧〜⑩のリングができた。

19 ⑤〜⑩を3回くり返し、さらにチェーン、シャトルつなぎ、チェーンを作る。

20 糸端を約5cm残してカットし、モチーフを裏返す。シャトルaの糸端2本を結び、糸の始末をする。

21 シャトルbの糸端2本を結び、糸の始末をする。

基本をアレンジした motif Z-1〜3 …p.17

材料
Z-1 絹穴糸／ピーチピンク…5.6m
Z-2 絹穴糸／マゼンタ、ピンク…各1.3m　ライトピンク…3m
Z-3 絹穴糸／ライトピンク、ピンク…各1.3m　マゼンタ…3m

用具
シャトル2個、10号レース針、はさみ、木工用ボンド、つまようじ、定規

作り方
モチーフZを参照し、同じ目数で糸をかえて
Z-1はすべてピーチピンク、
Z-2、3は指定の配色で同様に作る。

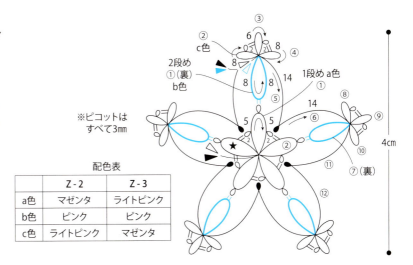

※ピコットはすべて3mm

配色表

	Z-2	Z-3
a色	マゼンタ	ライトピンク
b色	ピンク	ピンク
c色	ライトピンク	マゼンタ

motif Zのネックレス …p.28

サイズ　全長約65cm（モチーフを除く）

材料
絹穴糸／ピンク…8.3m　マゼンタ…3m
　ライトピンク…1.3m
特小ビーズ／パール…長さ55cm分+65個
カニカン／マットゴールド（約10×5mm）…1個

用具
シャトル2個、ワイヤー針、10号レース針、
はさみ、木工用ボンド、つまようじ、定規

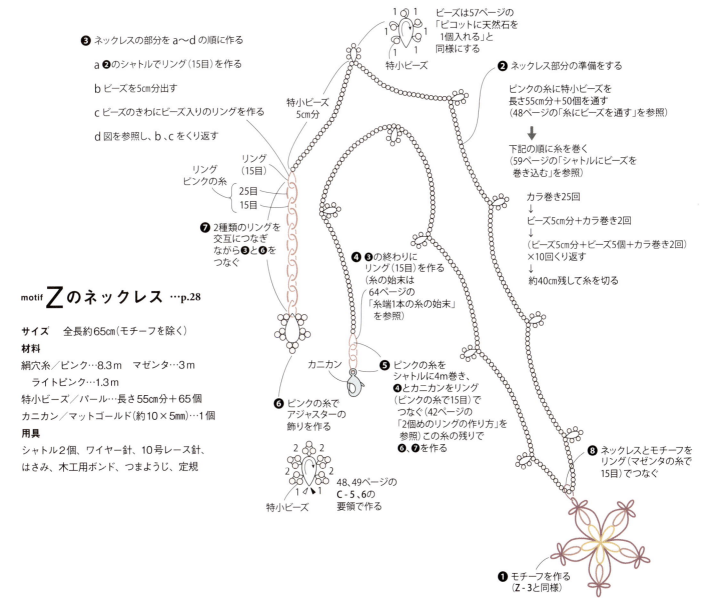

111

山中 恵　Megumi Yamanaka
「ビージェイ・スミレ」を手芸家の叔母・荒木孝子と共に設立。
ビーズやリボンの異素材をタティングレースと組み合わせた作品作りを得意とし、
定評のあるカラーコーディネートによる独自のデザインを発表し続けている。

aYa
ビージェイ・スミレ所属。
ビーズと絹糸が創り出す繊細な作品に興味を持ち、荒木孝子・山中恵に師事。
タティングレースを生かしたカジュアルなアクセサリー作りを得意とする。

STAFF
ブックデザイン／堀江京子(netz inc.)
撮影／(カバー、P.1～33) 三好宣弘(RELATION)
　　　(プロセス) 中辻 渉
スタイリング／神野里美
トレース／米谷早織
編集／岡野とよ子(リトルバード)
編集デスク／朝日新聞出版 生活・文化編集部(森 香織)

素材協力
掲載作品の一部をセットにして販売しています。
詳しくは、こちらのホームページをご覧ください。
ビージェイ・スミレ
http://www.bjsumire.co.jp

レース糸、刺しゅう糸、コード協力
オリムパス製絲株式会社
〒461-0018　名古屋市東区主税町4-92　tel.052-931-6679
http://www.olympus-thread.com
ディー・エム・シー株式会社
〒101-0035　東京都千代田区神田紺屋町13番地　山東ビル7F　tel.03-5296-7831
http://www.dmc.com
メルヘンアート株式会社
〒130-0015　東京都墨田区横網2-10-9　tel.03-3623-3760
http://www.marchen-art.co.jp
横田株式会社・DARUMA
〒541-0058　大阪市中央区南久宝寺町2-5-14　tel.06-6251-2183
http://www.daruma-ito.co.jp

撮影協力
AWABEES
UTUWA

※この本の作り方についてのお問い合わせは、下記へお願いします。
リトルバード　☎03-5309-2260
受付時間／13:00～17:00(土日・祝日はお休みです)

印刷物のため、作品の色は実物とは多少異なる場合があります。

はじめてのモチーフAtoZ　タティングレース

著　者　山中恵、aYa
発行者　今田 俊
発行所　朝日新聞出版
　　　　〒104-8011　東京都中央区築地5-3-2
　　　　☎ (03)5541-8996(編集)　(03)5540-7793(販売)
印刷所　図書印刷株式会社

©2018 Megumi Yamanaka, aYa
Published in Japan by Asahi Shimbun Publications Inc.
ISBN　978-4-02-333218-8

定価はカバーに表示してあります。
落丁・乱丁の場合は弊社業務部(☎03-5540-7800)へご連絡ください。
送料弊社負担にてお取り替えいたします。
本書および本書の付属物を無断で複写、複製(コピー)、引用することは著作権法上での
例外を除き禁じられています。また代行業者等の第三者に依頼してスキャンやデジタル化
することは、たとえ個人や家庭内の利用であっても一切認められておりません。